閱讀中國

——政策、權力與意識形態的辯證

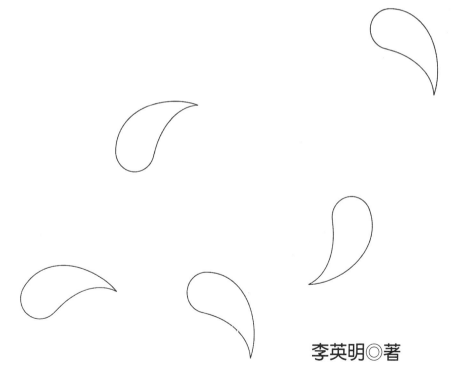

李英明◎著

「亞太研究系列」總序

　　「二十一世紀是亞太的世紀」，這句話不斷地被談起，代表著自信與驕傲。但是亞太地區絕非如此單純，未來發展亦非一定樂觀，它的複雜早已以不同形態呈現在世人面前，在開啓新世紀的同時，以沉靜的心境，深刻的瞭解與解決亞太區域的問題，或許才是我們在面對亞太時應有的態度。

　　亞太地區有著不同內涵的多元文化色彩，在這塊土地上有著天主教、基督教、佛教、回教等不同的宗教信仰；有傳承西方文明的美加澳紐、代表儒教文明的中國、混合儒佛神教文明的日本，以及混雜著不同文明的東南亞後殖民地區。文化的衝突不止在區域間時有發生，在各國內部亦時有所聞，並以不同的面貌形式展現它們的差異。

　　美加澳紐的移民問題挑戰著西方主流社會的民族融合概念，它反證著多元化融合的觀念只是適用於西方的同文明信仰

者，先主後從、主尊客卑、白優黃劣仍是少數西方人面對東方移民時無法拋棄的心理情結。西藏問題已不再是單純的內部民族或政經社會議題，早已成為國際上的重要課題與工具。兩岸中國人與日韓三方面的恩怨情仇，濃得讓人難以下嚥，引發的社會政治爭議難以讓社會平靜。馬來西亞的第二代、第三代，或已經是第好幾代的華人，仍有著永遠無法在以回教為國教的祖國裡當家作主的無奈，這些不同的民族與族群問題，讓亞太地區的社會潛伏著不安的危機。

　　亞太地區的政治形態也是多重的。有先進的民主國家；也有的趕上了二十世紀末的民主浪潮，從威權走向民主，但其中有的仍無法擺脫派系金權，有的仍舊依靠地域族群的支持來建構其政權的合法性，它們有著美麗的民主外衣，但骨子裡還是甩不掉威權時期的心態與習性；有的標舉著社會主義的旗幟，走的卻是資本主義的道路；有的高喊民主主義的口號，但行的卻是軍隊操控選舉與內閣；有的自我認定是政黨政治，但在別人眼中卻是不折不扣的一黨專政，這些就是亞太地區的政治形態寫照，不同地區的人民有著不同的希望與訴求，菁英份子在政治格局下的理念與目標也有著顯著的差異，命運也有不同，但整個政治社會仍在不停的轉動，都在向「人民為主」的方向轉，但是轉的方向不同、速度有快有慢。

　　亞太地區各次級區域有著潛在的軍事衝突，包括位於東北

亞的朝鮮半島危機；東亞中介區域的台海兩岸軍事衝突；以及東南亞的南海領土主權爭議等等。這些潛在的軍事衝突，背後有著強權大國的利益糾結，涉及到複雜的歷史因素與不同的國家利害關係，不是任何一個亞太地區的安全機制或強權大國可以同時處理或單獨解決。在亞太區域內有著「亞太主義」與「亞洲主義」的爭辯，也有著美國是否有世界霸權心態、日本軍國主義會否復活、中國威脅論會否存在的懷疑與爭吵。美國、日本、中國大陸、東協的四極體系已在亞太區域形成，合縱連橫自然在所難免，亞太地區的國際政治與安全格局也不會是容易平靜的。

相對於亞太的政治發展與安全問題，經濟成果是亞太地區最足以自豪的。這塊區域裡有二十世紀最大的經濟強權，有二次大戰後快速崛起的日本，有七〇年代興起的亞洲四小龍，二〇年代積極推動改革開放的中國大陸，九〇年代引人矚目的新四小龍。這個地區有多層次分工的基礎，有政府主導的經濟發展，有高度自由化的自由經濟，有高儲蓄及投資率的環境，以及外向型的經濟發展策略，使得世界的經濟重心確有逐漸移至此一地區的趨勢。有人認為在未來世界區域經濟發展的趨勢中，亞太地區將擔任實質帶領全球經濟步入二十一世紀的重責大任，但也有人認為亞洲的經濟奇蹟是虛幻的，缺乏高科技的研究實力、社會貧富的懸殊差距、環境的污染破壞、政府的低

效能等等，都將使得亞洲的經濟發展有著相當的隱憂。不論如何，亞太區域未來經濟的發展將牽動整個世界，影響人類的貧富，值得我們深刻的關注。

在亞太這個區域裡，經濟上有著統合的潮流，但在政治上也有著分離的**趨勢**。亞太經合會議（APEC）使得亞太地區各個國家的經濟依存關係日趨密切，太平洋盆地經濟會議（PBEC）、太平洋經濟合作會議（PECC），也不停創造這一地區內產、官、學界共同推動經濟自由與整合的機會。但是台灣的台獨運動、印尼與東帝汶的關係、菲律賓與摩洛分離主義……使得亞太地區的經濟發展與安全都受到影響，也使得經濟與政治何者為重、群體與個體何者優先的思辨，仍是亞太地區的重要課題。

亞太地區在國際間的重要性日益增加，台灣處於亞太地區的中心，無論在政治、經濟、文化與社會方面，均與亞太地區有密切的互動。近年來，政府不斷加強與美日的政經關係、尋求與中國大陸的政治緩和、積極推動南向政策、鼓吹建立亞太地區安全體系，以及擬將台灣發展成亞太營運中心等等，無一不與亞太地區的全局架構有密切關係。在現實中，台灣在面對亞太地區時也有本身取捨的困境，如何在國際關係與兩岸關係中找到平衡點，如何在台灣優先與利益均霑間找到交集，如何全面顧及南向政策與西向政策，如何找尋與界定台灣在亞太區

域中的合理角色與定位，也是值得共同思考的議題。

　　「亞太研究系列」的出版，表徵出與海內外學者專家共同對上述各類議題探討研究的期盼，也希望由於「亞太研究系列」的廣行，使得國人更加深對亞太地區的關切與瞭解。本叢書由李英明教授與本人共同擔任主編，我們亦將極盡全力，爲各位讀者推薦有深度、有分量、值得共同思考、觀察與研究的著作。當然也更希望您們的共同參與和指教。

　　　　　　　　　　　　　　　　張亞中

自 序

　　最近出版界有一件引人注目的大事，那便是武俠小說泰斗
金庸先生將對他自己的作品進行逐步翻修，根據金庸先生的說
法，是希望就小說中較為不合理或劇情交代模糊不清的地方進
行修正，讓作品在故事鋪陳與敘事邏輯上更為完善。金庸先生
這種做法引發了不小的爭議，許多讀者認為金庸「不應該」也
「無權」去修改這些已經深植人心的作品，破壞這些作品在讀者
心中的完整性。的確，書中的故事或劇情或許不盡完美或謬誤
仍多，然而廣大的讀者卻已經在「閱讀」的過程中，發展出一
套說法或邏輯來解釋／詮釋這些故事脈絡，並且在自己心中形
成一套清楚的故事架構或邏輯，故事的本身或許白紙黑字的寫
在那裡，但是字裡行間所流露出來的故事脈絡、節奏、情感、
意義乃至人物，隨著不同的讀者會有不同的認知與感觸，是
的，當讀者不是走馬看花或囫圇吞棗的隨便翻閱，而是通過一

種以自己為主體對文本／資料等客體進行分析、思考、解釋或詮釋，然後形成屬於自己的一套認知圖像或思維邏輯的過程，就是一種「閱讀」。

中共的黨史發展是十分複雜的，從毛澤東、鄧小平一直到現在的江澤民、胡錦濤，從遵義會議、延安整風到後來的文化大革命、八九天安門事變，都充滿了雲濤詭譎、瞬息萬變的發展態樣，彷彿中共的歷史發展背後有一隻看不見的手在操控著政治人物與廣大人民群眾的一舉一動，又像是一個熟諳觀眾胃口的導演在背後不斷的寫出一幕幕在中國大陸檯面上演出的種種鬥爭衝突與是非恩怨。當然，回歸到現實，中共的黨史發展自然不會是上述說的兩種情況，而是各個檯面上的政治人物根據自身的環境與實力和他人互動較勁的結果，在這個過程中，有人意氣風發、權傾天下；有人棋差一著、黯然以終；有人得意在前，有人發跡在後，這些人物間的合縱連橫、互動較勁，譜成中共黨史中的風起雲湧，然而，我們感到興趣且好奇的，不是這些人物已經被明確的記載於史冊中的具體行為舉止與鬥爭衝突方式，而是他們在這些行為舉止或鬥爭衝突背後的思維考量，以及用來審衡度勢、判斷敵我情勢的分析方法或價值標準，例如什麼樣的想法讓毛澤東可以提出「馬克思主義中國化」來鬥倒國際派，然而這一套思維邏輯在毛後時代卻也成為鄧小平用來鬥倒毛澤東欽定接班人華國鋒的武器？「八大」後毛澤

東何以會「頭腦發熱」而引發其後的「大躍進」與「文革」？鄧小平何以能成功的在毛後時代建構一套新的意識形態來鞏固自己的地位？諸如此類，都是十分值得我們從「閱讀」中共的黨史發展中去找到答案的議題。

　　從來研究歷史都會面臨到一個兩難的問題，即是歷史是「眞實的發生」或是「建構的發生」，前者是一種不帶任何價值情感、客觀中立的史學觀，後者則是一種已涉入研究者或論述者自身價值判斷的史學觀；然而，兩者其實並不矛盾，「眞實的發生」才能提供建構的素材，而「建構的發生」才能解釋眞實的存在。兩者是相輔相成而辯證結合在一起的。而在「閱讀」歷史的過程，更能讓我們瞭解這兩者之間的關係，用心理學上的話，一個人的行爲表現來自其動機；而其行爲表現的過程又是促使其動機產生的原因。「閱讀」歷史的意義與樂趣，不在於我們知道何時何地會發生何事，而是我們可以知道「何以」在何時何地會發生何事，甚至鑑古知今、觀微而見著。

　　本書的出版，要感謝賴皆興及黃健群兩位同學的整理校對，以及陳振偉、蔡政甫、胡淑棻同學的編排打字，還要感謝生智的葉總經理和林總編輯的幫助。現實歷史當然無法像小說一樣，發現有奇怪或難以解釋的事件，可以逕行修訂或補強，除非有新的資料出現，否則它呈現在世人眼前的便是那一段。也因此，我們在閱讀中共黨史的過程，當然不可能去修改黨

史，而必須就我們手邊的文獻資料和所採用的理論思考模式去進行分析、解讀與詮釋。這難免會有疏失謬誤或思慮不周之處，尚請各位先賢不吝賜教。

李英明

目　錄

第一章

中共黨史中意識形態建構與領導權的辯證

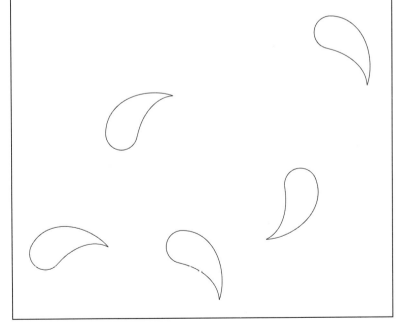

一、華鄧交鋒與鄧小平時代的開啓

　　談中國大陸改革開放的歷史，其實就是在談毛後的歷史，或者也可以說是談所謂鄧小平時代的歷史。而鄧小平時代應該從何時算起呢？中國研究領域基本上有三種看法：第一種看法是從一九七八年的中共「十一屆三中全會」開始算，第二種看法則以一九八一年的中共「十一屆六中全會」開始，第三種看法則以一九八二年的中共「十二大」開始算。

　　第一種看法應該算是一種主流的看法，在這種主流看法的影響引導下，「十一屆三中全會」幾乎變成鄧小平時代起始的近乎「約定俗成」的時間，而中國大陸國家機器、社會和知識理論界也基本上持這種看法。持第二種看法的人，主要認為到了「十一屆六中全會」，華國鋒已經先後辭去黨主席和中央軍委主席的職位，華國鋒時代基本上才算是眞正結束[1]，起而代之的當然是鄧小平時代的眞正開始。持第三種看法的人認為，「十一屆三中全會」頂多只能算是以鄧小平為中心的體制形成的伊始，而到了「十二大」，才算是鄧小平體制的眞正成立。「十一屆三中全會」雖然經過了「檢驗論」與「兩個凡是論」的意識形態爭論作為槓桿，使得文革時代以階級鬥爭為綱，並且通

過群眾運動來體現的民粹主義路線，得以扭轉到以所謂經濟建設為中心的方向。但這應該只是算毛後時代真正結構轉變的開始而已，文革經驗的總結、毛澤東歷史地位的評價以及對中共意識形態結構和內容的重建，都尚未能處理；而且，在現實狀況中，華國鋒仍然擁有黨和國家的最高名銜。

可以這麼說，只要華國鋒仍擁有形式上的黨國機器的最高頭銜，毛澤東時代就不能算是已經真正結束。而且，更重要的是，迄「十一屆三中全會」為止，毛澤東的歷史地位尚未蓋棺論定，在制度層面上，也不能算是已經真正進入毛後時代。而在扭轉了總路線方向的基礎上，中共開始進行黨內歷史共識建立，以及確保社會在思想上和歷史認知上統一的工作，而其具體結果就是一九八一年中共「十一屆六中全會」所通過的「關於建國以來黨的若干歷史問題的決議」。這個決議的通過，處理了對文革總結、毛澤東歷史地位的評價以及毛澤東思想的意識形態位階等問題。從制度層面來看，既然毛澤東的歷史地位已正式被蓋棺論定，當然可算是進入毛後時代，況且華國鋒此時也已先後辭去了黨和國家的職位；不過，嚴格來說，這只能算是毛時代的真正結束；而鄧小平時代的真正確立，或是以鄧小平為十體的體制的確立，應該還是要以一九八二年中共「十二大」，鄧小平繼擁有意識形態主導權、歷史解釋權後，進而擁有人事主導權，才算是真正實現。套用中共的術語來說，從一九

七七年中共「十一大」到一九八二年中共「十二大」期間，可以說是以毛澤東為核心的第一代政治世代向以鄧小平為核心的第二代政治世代的發展。

而為什麼華國鋒不能創造屬於自己的時代，或甚至連是否有所謂華國鋒時期都稱不上？回答這個問題可以非常簡單也可以非常複雜；不過，無論如何回答都同樣必須通過歷史結構分析的途徑來進行。

首先，華國鋒雖然形式上承接了毛澤東的黨政軍職位，但無論從中共黨內的論資排輩的政治文化或是現實的政治和社會基礎來看，華國鋒都是非常脆弱的。毛澤東發動文革後，黨政兩個領導系統遭到嚴重的衝擊，甚至可以說是被解構，只有軍隊系統被保留下來；但在一九七一年林彪事件後，軍隊系統基本上也遭到整肅，不被信任；真正的統治階層內縮到只變成一小撮「個人─內臣」集團；亦即隨著文革的發展，中共的統治根基嚴重的狹隘化[21]，不存在足以穩住文革體制的統治菁英階層。由此也才能理解，為何毛死後，四人幫會那麼「容易」就被逮捕的理由。而四人幫的「個人─內臣」集團的被捕，在某種意義上，反映了華國鋒原本就以非常脆弱的政治基礎受到第一波的重創。更重要的是，四人幫的被捕，其實已揭開了毛死後肅左的序幕；而隨著鄧小平在一九七七年七月中共「十屆十中全會」復職，以及同年八月中共「十一大」的召開後，華國

鋒被迫也必須同意開展對四人幫時代的極左力量及潛在追隨力量的整肅工作，這對華國鋒的政治基礎又構成了另一波的重創。

其實，中共在一九六七年「九大」後，主要由於中蘇共邊界衝突形勢，以及林彪被指定爲毛的權力繼承人後，毛澤東就允許逐步重建先前被解構的省及黨機器，一方面希望藉此恢復某種程度的黨政秩序，以應付中蘇共張力若進一步惡化的形勢；另一方面則藉此制約林彪和軍隊的影響力。但是這個重建過程充滿不確定性，而這個被重建的黨系統與前述的「個人－內臣」集團基本上關係並無法保持一致。

此外，隨著這種形勢發展而來的是，有些被整肅的領導人物重新復出，在被要求繼續文革的某些氛圍的前提下，爲文革導致的經濟波動善後；這種情形具體的通過一九七三年中共「十大」表現出來，鄧小平也在「十大」復職。並在一九七四年至一九七九年實際主持中共國家機器的工作，並且拋出了與文革經濟路線有所不同的四個現代化（農業、工業、科技和國防）訴求。

可以這麼說，在「九大」之後，雖然文革體制基本存在，但是中共賴以維繫和穩住政局和政權的是傳統的黨機器和政治菁英。而「十大」後，中共形成文革勢力與傳統勢力暫時共治的脆弱政治聯盟，這個脆弱政治聯盟在周恩來死後就告解體。

其中導致解體的原因主要有三；其一，以鄧小平（含周恩來）為代表的四個現代化路線與毛極其相近的追隨者在六〇和七〇年代初期發展的理念存在張力；其二，中共第一代政治老人健康欠佳，繼承問題浮現；其三，新的五年經濟計畫必須在一九七六年定案；夾雜著上述第一個原因，爆發了姚文元等人在一九七五年對鄧小平的現代化路線進行批判和攻擊。而對毛澤東而言，從路線方向來看，鄧小平顯然不能承繼發展其所確立的文革路線；因此，當一九七六年四月周恩來死後，鄧小平當然沒有被毛任命接任總理的職位，而且由於鄧被認為必須為周恩來死後爆發的「四五運動」天安門事件負責而再度下台。不過，很顯然的，毛澤東也不信任江清及其支持者，而把形式上的權力職位交給華國鋒。從這個向度來看，華國鋒與「四人幫」之間是存在張力的，而這也才能解釋華國鋒為何會與葉劍英形成暫時的政治聯盟，於毛澤東一九七六年九月死後不久發動所謂「十月政變」，逮捕四人幫。

華國鋒雖然擁有黨政軍的最高頭銜，可是與傳統黨機器和政治菁英的關係不但是疏離的而且必然形成結構的張力；而軍權更遠非華國鋒所能掌握的。或許，雖然華國鋒可能會成為文革期間躍上政治舞台的所謂左的勢力的期待認同的對象，可是華國鋒與這些左的力量顯然無法形成統合關係。因此，在形式上，華國鋒繼承了毛澤東的權力，可是並無法承接毛時代所形

成的文革體制的政治力量和基礎；不過，在毛後的政治現實結構中，華國鋒又很自然的會被與文革左的力量連結在一起。

其次，從意識形態層面來看，華國鋒追求一種「沒有毛澤東的毛主義」，希望通過如此的意識形態操作，為其繼承毛的形式權力做出正當性的辯護基礎。而由於華國鋒在政治和社會權力基礎的脆弱性，使其更具迫切性地必須進行挪移毛澤東時代意識形態結構和內容的操作：一九七七年二月七日中共兩報一刊拋出「學好文件，抓住綱」的文章，揭櫫了「兩個凡是」（凡是毛主席的決策，我們都堅決擁護；凡是毛主席做出的指示，我們都始終不渝的遵行）的意識形態訴求，具體反映了華國鋒上述意識形態操作的迫切性。

其實，四人幫在毛死後不久很快的被逮捕，已經透露了延續挪移毛澤東時代意識形態結構和內容的現實政治基礎的脆弱。而華國鋒在形式繼承毛澤東的權力的同時，就面臨鄧小平復出的壓力，使他更感受到權力基礎的脆弱性，而最後幾乎別無選擇地選擇了上述的意識形態操作的模式。華國鋒這種模式可說是「基本教義式」的模式，延續了毛澤東時代的意識形態結構典範。而這個結構典範在毛死後，基本上被認為是文革時代錯誤的政策路線辯護基礎；因此，基本上是被從負面的角度來定位的。而且，毛澤東時代的意識形態結構內容是通過毛澤東人格化的權威才能發揮其影響和制約力，抽離了毛澤東或是

沒有了毛澤東，其實整個毛澤東時代的結構內容是很難再延續其影響制約力的。亦即，很難通過華國鋒繼續作為一個典範，實際去指導政策和路線的制定與執行。華國鋒的別無選擇，或許使他變得昧於對現實政治結構情境的更為務實的認識。

總之，毛澤東時代的意識形態結構內容已無法繼續作為一個典範，是一個結構性的現實發展趨勢。華國鋒的「兩個凡是」訴求無法承接這個現實結構形勢的演變；就鄧小平而言，「兩個凡是」這種基本教義式的意識形態操作模式，在方法論上是站不住腳的。因為其把毛澤東在特定時空、環境下，針對特定議題或現象所做出的個別論斷，都當作可以跨越時空的基本原理原則來看；毛澤東所做出的個別論斷是具有時空侷限性的，可能因為時空環境的轉換，必須從意識形態的結構內容中被抽離，這才真正符合毛澤東在其《實踐論》中所指導的實踐檢驗真理的基本精神；亦即，華國鋒的「兩個凡是」違背了毛澤東《實踐論》的基本精神，從而也背離了毛澤東以實踐為取向的知識論精神。

對華國鋒而言，原本以為通過「兩個凡是」基本教義式的意識形態操作，延續毛時代的意識形態結構內容，使其繼續在毛後時代成為典範，可以維護其權力地位；可是，這也使華國鋒沒有清楚認識到創造出有別於文革時代路線的迫切性及必要性，而這也使得華國鋒無法使自己的政策主張進入中共意識形

態結構中，具有正式結構位階，能具體影響中共的路線方向。能否讓自己的政策主張進入中共意識形態結構中，是觀察中共領導人能否創造以其爲名號的時代的重要指標。

其實，在一九七八年底的「十一屆三中全會」的眞理標準討論的意識形態爭論，是呈現鄧小平從毛澤東《實踐論》延伸出來的論述一面倒的壓過「兩個凡是」論述；而這正是確立毛澤東時代的意識形態結構和內容不能再繼續作爲一個典範的現實；通過這個現實作爲基礎，也才使「十一屆三中全會」中共總路線方向的調整成爲可能。

通過上述形勢的發展，華國鋒的權力基礎不只是脆弱，而且還像無根的浮萍漂浮起來。但是，因爲對文革經驗的總結、毛澤東歷史功過的定位以及中共意識形態結構內容尙未重建等因素，就如前述毛澤東時代的餘緒尙未眞正結束，華國鋒形式上的職位並沒有立即被拔除，而是隨著肅左形勢的開展以及上述工作不斷發展而逐步的被取消。因爲毛澤東在中共歷史中有其特殊地位，中共可以逮捕四人幫，但卻不能那麼快速的拿掉華國鋒的職位頭銜；況且，華國鋒還曾經和軍方聯手逮捕四人幫，對於結束文革也扮演了一定的角色。

華國鋒在一九七七年中共「十一大」報告中，曾經也觸及了現代化的論述，但卻被認爲無法超脫鄧在七五年期間所指導的四個現代化的藩籬；鄧小平繼承權力和意識形態主導權的角

度來看，回歸奉行毛澤東路線的基本教義或途徑，真的可能是華國鋒不得不做的選擇。不過，四人幫的被逮捕，已經明白的顯示，文革是被判定為錯誤的；而文革無論如何與毛澤東是直接關連在一起的；華國鋒的「兩個凡是」訴求，在基本教義式的論述背後，當然很容易被認為不分青紅皂白的承接文革以及毛澤東發動文革和在文革期間的錯誤；而鄧小平運用毛澤東《實踐論》中的論述來反擊「兩個凡是」的論述，已經顯示，鄧小平要將自己形塑為尚未犯錯時期的毛澤東最基本論述精神的繼承者和化身；所以，在真理標準討論過程中，實際上已經呈現所謂正確的、未犯錯的毛澤東思想和犯錯的毛澤東思想的爭鬥。亦即，通過這個意識形態論爭，鄧小平將自己塑造為毛澤東遺產中正面正確部分的繼承者，從而讓自己在中共黨史的傳承脈絡中，具有正統性；而相對的華國鋒被塑造成為毛澤東遺產中負面部分的教條式的捍衛者，從而挪除了華國鋒在中共黨史傳承脈絡中的正統性。

兩個毛澤東的鬥爭，具體反映了毛澤東在中共黨史中的特殊地位和角色。解構毛澤東在晚年所犯的錯誤問題，別無他途，必須用毛澤東在「未犯錯」前的思想路線來化解。而接著下來的問題是：鄧小平為何可以自認為自己繼承了毛澤東遺產中正面正確部分；這個問題再問下去便是：為何是鄧小平而不是他人可以在毛後創造自己的時代。

二、評毛的歷史意義與意識形態的重建

前述提及，四人幫的被逮捕，除了反映文革體制的政治基礎的脆弱外，也預示了文革是被認定爲是錯誤，甚至是一場浩劫，必須在毛死後盡快結束；而與文革發展直接關連的標竿型人物，劉少奇和周恩來的人格和思想主張，相對的成爲被投射寄望轉移的對象。周恩來在一九七六年四月過世引出了「四五運動」的天安門事件，具體反映出他已成爲人們相對於文革氛圍的投射寄望的人格對象。而鄧小平在一九七三年的付出，是獲得周恩來支持，繼而得到毛澤東的首肯下成爲可能的；鄧小平在往後的兩年實際主持政府工作，建構四個現代化論述，並切通過周恩來在七五年的四屆人大正式揭櫫開來。這個過程的發展，似乎已經讓鄧小平成爲周恩來思想的繼承者；而人們對於周恩來的投射寄望，在毛死後也非常合乎情理的移轉到鄧小平身上來。

至於與文革直接對峙的劉少奇，曾經在大躍進失敗後當重要的善後角色，在期間所曾經試驗過的政策方法對於毛後的經濟改革提供了相當直接的歷史參照憑藉。因此，劉少奇在毛死後也相對的成爲另一個重要投射寄望的對象。而鄧小平在中共

一九五六年「八大」後，實際主持黨的工作，提供了劉少奇非常重要的行政後勤支援，尤其是在為大躍進善後期間更是如此；而這段經歷雖然使鄧在文革開始後，伴隨著劉少奇一起遭到整肅，但是，相對的也使鄧成為劉少奇思想的繼承者或化身。

周恩來和毛澤東的相繼過世，已經顯示中共的政治世代已然必須從第一世代往新的世代移轉；而鄧小平在歷史的因緣湊合下，成為劉少奇和周恩來的思想的繼承者和化身，中共政治世代移轉的新的主體和核心，很合歷史邏輯的必然通過鄧小平來呈現出來。

此外，如前述，鄧小平在七三年後復出並於七四至七五年實際主持政府的工作，揭櫫了與毛澤東及其激進追隨者相左的現代化政策路線，導致了鄧與文革勢力間的嚴重張力，以及在周死後又再度被迫下台。鄧在七三年的復出，在某種意義上算是具有為文革善後的意涵；而六九年鄧伴隨著劉少奇連同遭到整肅，在某種意義上，就很容易具有相對於文革的錯誤而顯露出來的「正確」的甚至是正義的形象，而且所揭櫫的現代化政策路線也就很容易與合乎歷史邏輯的成為相對於文革體制的一種「正確」的政策和路線。其實，七八年的中共「十一屆三中全會」將中共的工作重心或所謂的總路線方向，從階級鬥爭轉向經濟建設，基本上文革時期鄧小平（和周恩來）所揭櫫的現

代化路線替代了文革體制下的極左路線；而這種替代是通過眞理標準的爭論作爲槓桿的；因爲，就如前述，在這個爭論過程中，鄧小平的經驗論一面倒的壓過華國鋒的兩個凡是論，從而「論證」了以毛澤東爲主體的文革時代的意識形態結構和內容已不再能繼續做爲一個典範，實際去指導毛後時代中共政策和路線的再建構。

　　雖然以毛澤東爲主體的文革時代的意識形態結構和內容不再能繼續做爲一個典範，但以毛澤東所擁有的特殊歷史角色和地位，中共不能也無法因爲毛澤東在文革犯了錯誤而全盤否定毛澤東，否則有可能動搖黨本和國本。如何評價毛澤東成爲中共向毛後時代轉折的重要問題；而其次，既有的意識形態結構內容不能再繼續做爲典範而存在，就必須面臨如何重建意識形態結構內容，從而再塑造指導現實政策路線典範的問題。以上這兩個問題是連結在一起的，因爲意識形態結構內容的重建可能奠立在對毛澤東的評價基礎上。

　　而就如前述，中共無法也不敢全盤否定毛澤東；因爲要全盤否定毛澤東就必須有凌駕於毛之上的人格化權威或思想判準爲據；可是在中共黨史上找不到這種依據；毛澤東在中共黨史上的地位之所以特殊，是因爲他既是中共的列寧又是中共的史達林。作爲前者，毛澤東是中共意識形態結構內容的統整建構者以及中共政權的創立者；而作爲後者，毛澤東又是革命建立

政權後,最高的權力掌握者。而對這種毛澤東特殊歷史角色的
現實,在鄧小平參與並主導下,歷經一個冗長的醞釀準備過
程,中共在八一年的「十一屆六中全會」所通過的歷史決議
中,弄出一套評價毛澤東歷史地位的方法,把毛澤東一生以五
七年畫線分成兩個階段,第一階段的毛澤東是正確偉大的毛澤
東時期;而五七年後的毛澤東則是不斷左傾繼而犯錯的毛澤東
時期;在劃分這兩個階段的同時,並且指出第二階段的毛澤東
背離了第一階段正確的毛澤東政策路線。通過這種兩階段劃分
法,中共對於毛澤東的功過給予近乎七三開的評價。而這種兩
階段歷史定位法,也成為中共在決議中初步重建意識形態結構
內容的依據,其中要點是,將毛澤東第二階段犯錯的,特別是
文革時代的政策主張挪出中共意識形態的結構內容之外;然後
再將毛澤東第一階段正確的政策路線主張抽象化、去人格化,
轉成中共的公共財,並且宣稱為中共集體智慧的結晶,又叫做
毛澤東思想[31]。被轉成公共財的毛澤東思想,被切開與現實政
策路線的直接關連性,只具有抽象的象徵的指導位階;因為毛
澤東思想被「升格」移上去與馬列主義並列,具有號稱核心
(內控的)地位,但相對的卻失去了對現實的直接影響和制約的
作用和角色。在如此這般的處理下,中共意識形態結構中的外
圍部分就騰出來了許多空檔,等待中共的建構和填充,否則中
共的意識形態結構內容就不算完整,更遑論要重新做為一個典

範，去指導現實的政策和路線的運作。

　　從中共黨史，特別是延安時期以來的歷史，已經可以很明確的看出，中共領導人要建立自己的時代，其中的組成要件之一就是必須讓自己的政策主張和論述進入中共的意識形態結構中，不只要有一套從馬克思主義延伸過來還說得通的歷史觀和世界觀，進入意識形態結構中的核心部分，而且還要有從這個歷史觀和世界觀爲基礎的可以指導現實政策運作的路線論述，以及合乎這個路線論述邏輯的政策主張，進入意識形態的外圍實踐性的部分。而八一年的「十一屆六中全會」所通過的歷史決議則確立了新的模式；先前曾經創造出有自己特色的時代的領導人的路線和政策主張，在這個領導人死後，其中合乎時宜的部分可以被繼續保留在中共意識形態的結構中，但必須以去人格化的、抽象化的方式通過集體智慧的名義被保留。這個模式使往後中共領導人較方便的可以把自己的政策主張論述，說成是集體智慧的發展、發揮或延伸，在某種程度上可以降低意識形態基本教義力量和彈性務實力量之間張力的拉扯；此外，這種模式，也使往後的中共派系力量不再能挾先前時代領導人的政策主張論述以自重，企圖壟斷意識形態的解釋主導權。

　　鄧小平在七五年所揭櫫的四個現代化論述，從某個角度來看，可以算是建立其政策主張論述的開始；而從《鄧小平文選》第一卷，所收編的鄧小平從七五到八二年的重要論述和文章，

可以在某種程度「印證」這個現實外,更重要的是,主要在論述以毛澤東為主體的文革時代的意識形態結構和內容已然不能繼續再成為一個典範;而中共在八二年的「十二大」拋出「建設有中國特色的社會主義」,才算是鄧小平真正努力地想使自己的政策主張和論述進入中共的意識形態結構中;亦即,套用中共的術語來說,這是所謂的「鄧小平理論」建構的開始。而從這個角度來看,也更能說明將中共「十二大」看成是以鄧小平為主體的鄧小平時代的真正開始的原因。

鄧小平與中共建政前重大的「革命」事件或事蹟,並沒有多大的直接關連性,他在中共黨內的威望主要是循著黨政軍的官僚運作的行政歷練逐步累積起來的;亦即,他是靠制度和依托黨制度的職位激勵來創造他的威望的;鄧在中共建政後不久,於一九五二年從地方調到中央,到一九六七年,先後擔任過副總理兼財政部長、中央委員會秘書長、組織部長、總書記等職位,以鄧小平在文革前所經歷的職位來看,在中共論資的政治文化中,鄧小平已經擁有,捨劉少奇與周恩來之外,不遑其讓的角色。而鄧小平在一九七三年中共「十大」復出,輔佐周恩來,扮演企圖穩住遭到文革發展衝擊的中國大陸的政經陣腳,更使其在中共政壇中的角色更為突出。其實,從中共黨史的發展軌跡可以看出,鄧小平在毛澤東時代,其才能和展現的政治品質是受到毛澤東和以毛澤東為主體的中共領導群的信任

的。毛澤東在周恩來死後，選擇華國鋒而沒有選擇鄧小平繼承其權力職位，主要是路線及方向的考量，而不是對鄧小平能力和政治品質的否定。

鄧小平循著行政歷練所累積的不只是一般的行政威望和資歷，鄧小平在中共建政前，曾歷任八路軍政治部副主任、第二戰區民族解放戰爭戰地動員委員會共產黨代表，以及張國燾部隊改組後的一二九師政委職位，也使鄧小平不只在中共黨政系統中擁有其地位，而且在軍隊中也有其一定的資歷和地位，這對毛後時代，鄧小平取得軍隊的支持是起了一定的影響作用。在中共的特殊政治生態中，能獲得軍隊的認同和支持，是中共政治人物的權力能否穩固的必要條件；鄧小平以其特殊的軍隊資歷從而取得軍隊的支持，這對於其能夠在毛後時代創造屬於自己的時代，是相當關鍵的因素。從這個向度來看，華國鋒雖然繼承了毛在軍事上的形式職位，可是由於華國鋒缺乏軍中的資歷，而且毛在生前根本不可能也來不及為其培養軍中關係和資歷；因此，華國鋒很難取得軍隊的認同和支持，而這也是華在毛死後政治基礎之所以脆弱的更重要的原因。

文革期間的以階級鬥爭為綱的民粹主義式的群眾運動的操作與發展，使中國大陸政經與社會秩序發展陷入混亂失序狀態，毛後時代的中國大陸上下基本上都期盼秩序的恢復與生活的安定與穩定，而這涉及到必須對文革體制及路線的調整和扭

轉，這可說是歷史發展的必然；華國鋒在毛後所企圖走的「沒有毛澤東的毛澤東主義」政策路線方向，基本上是不符合這個歷史趨勢的，而鄧小平由於諸多的歷史因緣，使其符合這個發展趨勢；因此，若從這個角度來看，我們也可以說是歷史發展的必然性，使華國鋒無法形成自己的時代，而讓鄧小平開創了自己的時代。不管是文革伊始的下台，還是七六年的下台，鄧小平都以一個悲劇事件重擊中國大陸許多人的心靈世界，而這也許也促使那個年代的中國大陸民眾的深入思考，鄧小平在某種意義上被那個年代的中國大陸的許多人從悲劇的形象轉成某種正義的化身，這可說是歷史必然性與歷史偶然（因緣）的結合，從而也促使鄧小平在毛後時代被當成「反文革從而再出發」的寄望投射焦點。

要扭轉文革的體制及路線，除了要把「兩個凡是」的意識形態的主導權打掉外，更重要的是論述說明文革體制與路線的不符合現實，或者說與中國大陸現實的國情無法相結合。現實的國情論述，是延安時期毛澤東用以和國際派爭奪意識形態主導權的憑藉，其總的訴求是「馬克思主義的中國化」，強調馬克思主義的普遍性必須通過本土化的洗禮才得以展現，亦即馬克思主義的普遍性必須通過本土化這樣的特殊化的過程，而後才能具體的落實呈現；同樣的，現實的國情論述也是鄧小平在毛後時代，與「兩個凡是」進行論爭，以及建構所謂「具有中國

特色的社會主義」論述的憑藉。而在現實的國情（或本土）論述基礎上，毛澤東把克思主義二元化，認為馬克思主義是具有二元結構的，包括基本原理原則和個別論斷兩個部分。基本原理原則只揭示了普遍的規律，但無法具體的告訴人們在不同國家地區或社會將會以什麼各具特色的方式或途徑來呈現普遍規律的具有時空侷限性的論述；同樣的，鄧小平也在現實的國情論述基礎上，把毛澤東的思想分成兩個部分，其一是基本原理原則，其二是個別論斷，他批評「兩個凡是」所犯的錯誤是，把個別論斷當成基本原理原則來看，犯了對待毛澤東的思想方法論和知識論上的錯誤；亦即，就鄧小平而言，「兩個凡是」由於無法正確地認識中國的國情，從而也無法正確地對待毛澤東的思想，當然，這兩個「無法正確」之所以發生，主要還涉及到自我經驗和自我認識的侷限問題，由於這種主觀的自我侷限，使得「兩個凡是」的主張者，容易習慣性地照搬過去熟悉的經驗或路線。對鄧小平而言，要突破這種自我侷限，就必須從實際面認識中國的國情或具體現實的問題，然後通過這個認識，讓毛澤東思想和中國現實重新結合，才能再去指導具體實踐；亦即，這是從實踐中總結現實的具體結論，形成現有的現實國情的認識，從而才能務實的正確繼續認識對待毛澤東思想，並且形成指導具體實踐的條件和動能。

　　《鄧小平文選》第一卷，其中的意涵之一，主要在呈現毛澤

東在文革時期的路線政策這些個別論斷是與中國具體國情不符合的，而其所曾經指導的現代化論述才是符合中國國情的。但更重要的是，鄧小平通過這些文章的出版主要要告訴人們，他很清楚的區別毛澤東的思想中的個別論斷和基本原理原則，一些具時空侷限性的個別論斷將隨毛個人的逝世不能再做為意識形態結構中的內容，而基本原理原則或甚至一些合時宜（現實國情）的個別論斷，將不會隨毛個人的逝世而消失，它們可以繼續留在意識形態結構中；不過，這些東西從此就必須去掉毛澤東人格化的因素，而轉成跨人格化的超越時空侷限的屬性。從這樣的角度來看，這些去人格化，時空的部分，就不能再以人格化的方式稱為毛澤東的思想，而應該把「的」去掉，稱為毛澤東思想。這樣的認識毛澤東思想的方式，很微妙的表現在八一年的「十一屆六中全會」所通過的歷史決議中對毛澤東歷史地位和思想評價定位的內容中。

　　既然對鄧小平而言，必須立基在對中國國情的務實認識上，才能正確認識馬克思主義和毛澤東思想，從而才能有正確的實踐；而鄧小平與中共就把如此這樣的實踐稱為「建設有中國特色的社會主義」，而這個實踐基本上就是所謂將馬克思主義甚至毛澤東思想與中國現實相結合的表現，因此也具有理論發展的意涵。因此就鄧小平和中共而言，「建設有中國特色的社會主義」既是一種具體實踐，同時也是一種理論的建構和發

展。而作爲一種實踐，就可以直接轉成是鄧小平導引下的路線政策作爲，而作爲一個理論，基本上就可直接以鄧小平爲名號稱爲鄧小平理論。對中共而言「建設有中國特色的社會主義」，是理論與實踐的結合，是文革後中國大陸歷史擠壓出來的必然；因此它作爲一個理論，雖然以鄧小平爲名，但卻具有跨人格化的屬性。

三、「建設有中國特色的社會主義」與社資辯證

中共在八二年的「十二大」就揭櫫了「建設有中國特色的社會主義」命題，宣稱文革後的中國大陸的方向，就是所謂的建設有中國特色的社會主義，而八七年的「十三大」，中共更通過所謂具有中國特色的社會主義的理論輪廓。依照中共主流的看法認爲「十二大」算是「建設有中國特色的社會主義」理論或稱爲鄧小平理論主題確定的時間，而到「十三大」算是鄧小平理論的形成。這種看法意味著，中共認爲在「十二大」前，中共基本上已經重新認識必須立基於文革後的現實，並從中國大陸已經建立社會主義制度爲基礎去調整改變既有的體制；蘇聯模式或稱史達林模式當然不能再繼續做爲典範，而毛澤東時代的民粹主義和平均主義爲表現的「自給自足」式軍事共產主

義模式就如前述也不能再做為典範；亦即中共認為，要重新捉住機會，走一條揚棄前兩者模式，真正立基於中國大陸現實的社會主義的路，在另一方面，中共在一九八四年出版《建設有中國特色的社會主義》；一九八七年又出版了這本冊子的增訂本，這應該算是中共官方企圖透過這兩本冊子的出版奠定所謂「建設有中國特色的社會主義」理論的表現。其實，這兩本冊子的出版，表示在「十二大」到「十三大」期間，中共確實很積極的嘗試探索不同於上述兩種模式的新的社會主義模式的時期。而這種所謂新模式的探索奠立在「中國具體現實為何？」以及「建設有中國特色的社會主義所為何來？」這兩個第一層次的問題上。而這第一層次的兩個問題，歸結起來就會牽涉到重新認識社會主義或定位社會主義以及如何建設社會主義的根本問題，再深入回答上述這兩個問題，基本上就會涉及到「社會主義到底是目的還是手段？」以及「社會主義和現代化到底能不能相結合？」兩個第二層次的問題，中共有關「建設有中國特色的社會主義」理論的建構主要就在論述這兩個問題。《鄧小平文選》第二卷可說處理了上述第一層次的問題，而《鄧小平文選》第三卷可說處理了上述第二層次的問題。《鄧小平文選》第二卷，其中主要意義之一是在於呈現所謂中國大陸的現實為何？以及在如此這般的現實上，又如何嘗試走所謂社會主義現代化的路。《鄧小平文選》第三卷，其內容包括了從一

九八二年到一九九二年鄧小平的重要文章講話，對中共十年改革期間所積累的經驗作了總結，並且串起了一個從現實邏輯出發的追求社會主義現代化的論述主軸。

　　總的來說，中共環繞著所謂「建設有中國特色的社會主義」進行理論建構，其實就在替改革開放奠立合理化的論述辯證基礎，因此，這個論述建構的確兼具有理論與實踐雙重性，以及理論與實踐相結合的意義。而接著下來我們要關心的是這個理論建構與前述中共意識形態結構內容的建構，到底是如何聯結的？對社會主義的重新認識與再定位，其實就是在問「社會主義是什麼？」的問題，回答這個問題，如果循著傳統馬克思主義的架構來看的話，就會涉及到底是生產力還是生產關係或是上層建築等哪一個比較重要的問題；因此，就會進一步關聯到社會觀和歷史觀的問題，於是，對這個問題的回答，其實就是在重建中共意識形態結構中的核心部分的內容，因為這個部分的內容主要就是以一套社會觀和歷史觀為主體；至於回答「如何建設社會主義」的問題，基本上就涉及到路線、政策的制定的問題，於是就等於在重建中共意識形態結構中的實踐部分的內容。

　　中國大陸在九○年代通過所謂社會主義改造，基本上已經建立以公有制為基礎的社會主義制度，亦即在社會制度上已經算越過資本主義階段，但是這種越過是在落後的生產力基礎上

進行的；所以並無法促使中國大陸快速的邁向成熟或高級社會主義，甚至奠立邁向共產主義的可能條件。而經過毛澤東時代和蘇聯史達林時代的實踐經驗，蘇聯模式早已經不可依循，至於毛澤東時代的民粹主義模式更不可行，乃至於在八〇年代還要繼續問「社會主義是什麼，如何建設社會主義這類基本的問題」。而中共在回答這個問題所提出的立基於現實的走所謂中國特色的社會主義的論述，簡單而言，就是說社會主義模式不必是一元化的，而必須因時因地而制宜，亦即在公有制基礎上，表現操作社會主義的方式和途徑是可以有彈性的、多元的，依照現實加以調整和改變；這其實就是一種後社會主義（post socialism）的論述[4]。以多元的方式途徑體現基本的公有制，不必依循單一的、大一統的方式和途徑。亦即基本的公有制並不會而且不必要去規定表現它的方式，而是可以立基於現實，與時並進的來調整改變。從這個角度觀之，儘管中共並不自覺或不願承認，這是以後現代的方式來表現社會主義。後現代的論述方式，成為中共批評或揚棄蘇聯和毛澤東社會主義模式的憑藉；不過，後現代的論述是立基於所謂的中國現實國情，這種現實的基礎反過來又成為反對外來社會制度或經濟模式所謂滲透影響的憑藉，而當中共在如此做時，基本上又採取了後殖民主義論述的方式，要求中國在不只是主權向度上要獨立自主，在社會制度或文化經濟模式的運作上也要擁有相對於西方

的獨立自主性。

　　主流的中共官方論述，在回答「社會主義是什麼」這個問題，是依據鄧小平生產力取向或中心來進行的，而從這個基礎上出發，在回答如何建設社會主義這個問題時，就是建設社會主義就是為了發展生產力，至於如何建設社會主義就是如何發展生產力。而從這個推論邏輯出發，就進一步可以將社會主義與現代化結合在一起。鄧小平（和周恩來）在文革時期揭櫫了跟毛澤東民粹主義式基本路線不同現代化路線和政策訴求，基本上已經預示了，鄧小平認為現代化是可以與社會主義密切的結合在一起。鄧小平或許希望，現代化的訴求能帶給社會主義新的內涵，並且成為體現社會主義的推動力。不過，在這裡，中共和鄧小平會遭遇一個重大問題；無論如何，追求現代化主要就是追求經濟發展，這跟西方啟蒙以來所追求的現代化到底能有何不同？也許，中共會回答，當然不同，因為中國所追求的現代化是以社會主義體制（公有制）為基礎的；就算我們循著中共的這種論述邏輯來看，還是會面臨另一問題：追求現代化是目的，還是體現社會主義的手段。如果是目的的話，那麼社會主義就淪為手段，並且容易受經濟主義的邏輯所制約。而如果只是體現社會主義的手段，也會碰到一個問題，迄今追求社會主義現代化的邏輯基本上是建立在資本主義基礎上的；就算中共要走一條建立在社會主義基礎上的現代化道路，那麼資

本主義邏輯和社會主義邏輯到底如何對接？

　　當然，中共企圖告訴人們的是：現代化的邏輯過去雖然是建立在資本主義的基礎上，但今後就不必然需要如此；而且還可以是建立在社會主義的基礎上。不過，就如上述，以追求現代化做為中介，會觸及到資本主義邏輯和社會主義邏輯對接的問題；而中共其實在改革開放的過程中，就是主要在面對這個問題。很顯然的，中共已經不再把社會主義和資本主義，如同毛澤東時代般看成是二元對立的關係，而是具有互相滲透關係，這種關係主要表現在社會主義可以通過被一貫視為資本主義色彩的一些方法、機制來體現；而同樣的，資本主義也可以透過一貫被視為社會主義色彩的一些方法、機制來體現；亦即雙方可以透過一些手段式的方法和機制而具有相互滲透的關係。總的來說，中共企圖告訴人們的是：追求現代化，不必要按照一元化、大一統的邏輯、模式或途徑來進行，而是可以透過多元的方式來運作，其中可以透過「以資本主義為體，社會主義為用」，或是「以社會主義為體，資本主義為用」的模式或途徑來實現現代化。而這也就是說，追求現代化不是資本主義的專利，人們是可以透過多元的方式追求或可以直接說是後現代化的方式來追求現代化的目標。許多雖然被打上資本主義色彩或標誌的方法手段，從今而後就不應該只是有單一的標誌和色彩。

　　不過，中共取得革命勝利，是發生在缺乏馬克思所規定的社會主義革命所必需的物質和社會前提的經濟落後的中國；而為了補救這個落差，就成為中共建政後的首要任務和目標；這個落差的補救被轉化成對於工業化和經濟發展的追求；原先這種追求或許真的被當成是實現社會主義目標的一種中介手段，但在現實上卻容易變成目標。這種發展社會主義的手段與目的間的張力問題，是毛澤東在中共建政後不久的五○年代中期後，心中最為焦慮的問題，而結果毛澤東企圖以民粹主義式的群眾運動（動員）不斷革命的途徑，在保住社會主義不會從目標淪為手段的前提下，去追求工業化和經濟發展，在毛澤東的不斷革命論的構想中，中國大陸不只在社會體制上可以逾越資本主義階段這個「卡夫丁峽谷」，而且可以在社會經濟發展階段上逾越商品經濟階段，從而以群眾動員的力量來填補這些逾越所留下來的「落差」；而鄧小平主導下的中共則認為，中國大陸就算在社會體制上可以逾越資本主義階段，建立社會主義社會制度，但是在社會經濟發展階段上卻無法逾越商品經濟階段；中國大陸必須在遵循這種客觀經濟發展階段的規律下來補救上述的社會主義制度和落後物質經濟的落差；亦即在尊重客觀的經濟發展規律下發展生產力，才能逐漸而且和緩的讓中國大陸邁向更高的社會主義階段。因為社會主義由低級向高級發展的每一階段，都反映著生產力的客觀發展水平。

　　毛澤東把生產關係以及上層建築的不斷改造，看成是中國大陸追求中國大陸經濟現代化的前提；而鄧小平主導下的中共則認為，遵行客觀的經濟發展規律，發展物質生產力，才能形塑促使上層建築變化或改造的前提，從而也才能逐步實現社會主義的由低級向高級的發展，鄧小平在一九九二年南巡講話強調，社會主義的本質就是解放生產力和發展生展力[5]。很顯然的，鄧小平是企圖以社會主義本質論來化解社會主義到底是目的還是手段的困難問題。

　　既然發展物質生產力不能延續毛澤東時代民粹主義式的不斷革命的途徑，而必須走遵行所謂客觀經濟發展規律的路；而且，既然社會主義的本質就是發展物質生產力，那麼也可以說是追求現代化；所以追求現代化不只可以和社會主義有機的結合，還可以做為社會主義的本質。就鄧小平和中共而言，只要這個一確立，那麼追求現代化的方法和手段，到底是具有資本主義或社會主義色彩或標誌就變成不重要了。

　　中共在一九八七年的「十三大」正式確立，中國大陸目前尚處在社會主義初級階段（按：按傳統馬克思主義的說法就是社會主義低級階段），對中共而言，這是一個客觀的社會發展現實，表示中國大陸剛脫離所謂「新民主主義階段」，如從這個現實來看，中國大陸的社會經濟型態本來就可以是混合式的，亦即計畫和市場可以同時並存，甚至相互為用。不過，長期以

來，不管從蘇聯經驗或建政後的中共經濟來看，一直很習慣的不只把社會主義和資本主義二元區隔，而且把計畫和市場也加以二元對立；從而，也就把計畫經濟型態和社會主義，以及把市場經濟和資本主義經濟直接等同起來。毛後時代的鄧小平和中共，爲了改革開放，必須打破這種二元對立觀點，而其處理的手法重點如下：(1)把社會主義和資本主義當作社會制度，亦即是以公有制和私有制爲基礎的社會制度；(2)把計畫和市場當作是體現社會制度的一種經濟型態、形式或體制，這種經濟型態是體現制度的一種手段、機制或方法，而不是制度的本質；(3)把商品經濟階段當作不管是資本主義或社會主義都無法逾越的社會經濟發展階段。

　　中共在八二年的「十二大」開始確立所謂「建設有中國特色的社會主義」理論這個主題，起動重建毛後時代中共意識形態結構內容的步驟。八四年中共「十二屆三中全會」通過「中共中央關於經濟體制改革的決定」，其中強調，商品經濟的發展階段是實現中國大陸經濟發展不可逾越的階段，是實現中國大陸經濟現代化的必要條件；八七年中共「十三大」，就如前述，正式確立中國大陸尚處在社會主義初級階段，而這也再度宣示中國大陸無法逾越商品經濟階段，九二年初鄧小平南巡講話指出：「計畫多一點還是市場多一點，不是社會主義與資本主義的本質區別；市場經濟不等於資本主義，社會主義也有市場。

計畫和市場都是經濟手段。」[6]鄧小平通過把市場和計畫手段化，從而把社會主義和市場結合起來，認為中國大陸可以建立以社會主義為基礎的社會主義市場經濟體制。同年（九二年）的中共「十四大」基本上反映了鄧小平這種看法，而九三年十一月召開的中共「十四屆三中全會」通過了「中共中央關於建立社會主義市場經濟體制若干問題的決定」，這個決定算是中國大陸在鄧後時代向市場經濟體制轉變的指導綱領。

在鄧小平導引下中共上述的處理過程，主要是企圖化解改革開放以來一直糾葛不斷的中國大陸到底是走資還是走社或是姓資還是姓社的意識形態爭論。不過，「市場到底只是一種手段，還是一個經濟載體或母體（matrix）」這樣的問題，鄧小平以及中共其實還是沒有回答，充其量只是讓社會主義和市場重新在中國大陸正式聯姻，聯姻之後到底能否持續維持「社會主義為體，市場為用」的社會主義市場經濟體制，還是會轉變成「市場為體，社會主義為用」的市場社會主義體制，其實恐怕連毛後的中共領導人都無法把握，甚至會為之充滿焦慮。

鄧小平在八九年天安門事件發生後的十一月，辭去他最後的正式職位──軍委會主席，在形式制度上正式退休，而這個時候，中國大陸還籠罩在天安門事件的餘波盪漾氣氛之中，這種氣氛反映在意識形態領域，從八九年到九○年期間，中國大

陸理論界展開了一場關於計畫和市場關係的大辯論。在其中，有不少論者把計畫經濟和市場經濟問題與社會基本制度直接連在一起，從而延伸出變成是姓社還是姓資的問題，於是這種論爭被提到路線鬥爭的高度。與此氛圍相呼應的就出現這樣的論點：深化改革可能意味著要否定社會主義計畫經濟，從而有可能與利用和平手段導引社會主義中國崩解的「和平演變」有關連。如果任由這種論述氛圍繼續擴大，其實就有可能導向這樣的反對改革開放的結論：資本主義有害東西的流入與擴大開放和引進外資是直接聯繫的。

這樣的論述如果成為主流路線，不只意味著改革開放的逆轉，而且也將意味著鄧小平在毛後時代的路線的錯誤。這對鄧小平將是嚴重的打擊，因為這表示如同毛澤東晚年的「文化大革命」時期犯了錯誤一樣，鄧也在其晚年犯了錯誤。而鄧在八九年底辭去最後職位，在形式制度層面上正式退休，就要正式面臨如何被歷史定位的問題；此外鄧雖然退休，但是他一定相當關心在意其路線志業能否繼續下去的問題；如果無以為繼，他的命運就真的有點像毛澤東，而且改革開放也將有可能中斷。鄧小平九二年初的南巡講話，是在如此氛圍之下發生的。而以「南巡講話」為主體的九二年十月的中共「十四大」報告，將鄧小平的講話作了進一步的概括，使之成為更完整的論述；而且在九三年十月中共又出版《鄧小平文選》第三卷，收

集了鄧小平從八一年到九二年南巡講話的重要文章和講話。

「十四大」是定位鄧小平的歷史定位的重要會議，鄧小平被定位成「社會主義改革開放的總工程師」，以及「建設有中國特色的社會主義理論的創立者」；此外「十四大」除了定位鄧小平歷史地位外，也處理了意識形態層面的問題，從而提出了「鄧小平理論」這個概念，並且把它定義成是中國共產黨集體智慧的結晶，而它的主要創立者是鄧小平，中共黨和國家的有關文件及黨中央其他領導人的著作也是鄧小平理論的組成部分。

中共在八一年的「十一屆六中全會」將毛澤東思想也定位成中國共產黨集體智慧的結晶，而且將毛澤東思想與毛澤東的思想區隔開來。同樣是所謂集體智慧的結晶，可是有兩點不一樣的地方：其一，毛澤東思想是在毛死後被定義爲集體智慧結晶，而鄧小平理論是鄧小平還在世時被定義爲集體智慧結晶；其二，毛澤東被認定在晚年「文化大革命」時期犯了錯誤；因此，中共被迫必須作出毛澤東思想與毛澤東的思想的區隔；而鄧小平一直到被作歷史定位時並沒有被認爲是犯了錯誤。如此一來，鄧小平所揭曉的生產力中心主義的社會觀和歷史觀，以及由此所延伸出來的路線政策主張，就可以在鄧後繼續留在中共意識形態結構內容中。而鄧後的中共領導人，也只能繼續宣稱要以鄧小平理論爲指針，在總結新的實踐經驗的基礎上，提出政策主張，從而對鄧小平理論作出補充。

　　亦即，將毛澤東思想定義成集體智慧的結晶，爲的是擺脫毛本位或毛中心主義的意識形態束縛；而將鄧小平理論定義成集體智慧的結晶，並且規定其主要創立者爲鄧小平，爲的是確立在鄧後時代鄧小平論述的主體地位，以防止鄧後領導人的路線政策主張的可能出格。亦即，鄧後中共領導人的論述首先必須被認爲是具有鄧小平理論組成部分的身分，然後才能進入中共意識形態結構內容中；當然，他們的論述也有可能又繼被定義成集體智慧的結晶，可是其前提是先要做爲鄧小平理論這個集體智慧結晶的組成部分，因此，就是對鄧小平理論的補充。而且就算鄧後領導人的論述被轉成集體智慧的結晶，爲了避諱可能不敢被稱呼爲「理論」，當然他們也不敢被稱呼爲「主義」。

　　在另一方面，九三年十月《鄧小平文選》第三卷的出版，其內容主要包括中共所謂鄧小平理論形成時期（從十二大到十三大）以及深化時期（從十三大到南巡講話）的重要講話和文章，這主要除了規定鄧小平理論做爲集體智慧的結晶的主體內容外，也在提前爲鄧後時期做準備，以確保社會思想和政治上的統一，和保證路線政策方向的延續。

　　鄧後的中共領導人，其基本的路線政策方向在鄧還在世的時候就被規定下來，而且通過「十四大」以後的發展，被提高到制度的高度層次被定下來。而這個基本的路線政策方向就是

建立社會主義市場經濟體制，江澤民所面臨的是中國大陸如何在這個路線和政策下走「後計畫」階段的問題。而後計畫階段其實是改革開放後新的階段，市場因素的深度和廣度不斷深化擴大，計畫成分將不斷縮小，在這種格局下，如何確保社會主義或體現社會主義，是江澤民必須面臨的嚴肅課題。而其中又會涉及到計畫關係最密切的國有企業改革、價格改革雙軌制體制改革以及政府職能改革等問題。不過，這些課題或問題都涉及到政治和經濟關係到底應如何定位的問題。令鄧後中共領導人不安的是：強調市場體制建立的重要性，可能會導引一種更為嚴重的「去政治化」的勢頭，完全忽略或漠視到底如何確保或表現社會主義的問題。而且隨著市場機制的逐步建立，一種不同於前的「後計畫」體制將會逐漸湧現，而其特點無可迴避的將是一個較前更為多元的相對更為開放的社會的出現；而隨之而來的是，社會階層的分化將更為複雜，不再是過去順著馬克思列寧主義或毛澤東社會階級或階層分析邏輯所能處理的；再推下去，隨著社會階層化的發展，中共本身的角色位階不斷退位降低，要表現社會主義就只能通過國家採取種種政策去實現調控經濟來表現出來；亦即，社會主義只能通過國家主義或經適當的發揮國家主義的強勢人格表現出來，朱鎔基現象是這種氛圍下激盪出來的結果。而江澤民在九五年十月開始提出「講政治」，並且在九七年的中共「十五大」後希望黨能更有能

力因應新形勢文化，甚至更有能力去面對甚至控制社會；九九年初，江澤民更提出「三講」（講政治、講學習、講正氣）的論述，二〇〇〇年二月更提出「三個代表」（中共要代表先進的生產力、先進的文化和人民的基本利益）的論述，二〇〇二年的中共「十六大」更把「三個代表」納入黨章，這一連串的發展都是江澤民為了因為上述氛圍或格局的一種回應。

　　從胡耀邦、趙紫陽的下台，應該可以看出，鄧小平不允許黨無法操作或控制的政治參與；八九年天安門事件後，鄧小平雖然繼續堅持改革開放路線，可是鄧小平也希望加強對社會的政治控制。鄧小平基本上區隔政治與經濟，黨內與黨外；而在區隔政治和經濟的同時，鄧小平強調要用經濟方法管理經濟，遵循經濟規律，反對毛澤東時代的民粹主義為基礎的相信人的意志和力量是可以改變一切，包括超越經濟發展的主觀主義；而這種用經濟方法管理經濟的思維，其實是分權觀念的延伸與具體化，讓經濟回歸經濟，除了涉及到政治角色的再定位以及政治與經濟官僚的問題外，更涉及到經濟合理形式必須建立有責有權的機制。但是，鄧小平希望政治能夠在不干涉經濟的前提下，對經濟起指導作用，發揮法律、經濟、行政各種調節經濟的職能。而在區隔黨內和黨外的同時，鄧小平認為黨內必須通過民主集中制的落實，重建黨的機能和能力；以便於在改革開放的過程中，有條件扮演主導的角色；而黨外是必須儘量朝

去政治化的方向發展，政治是中共的專利和專業，黨外民眾應著重追求生活的改善以及水平的提高。鄧小平希望中共能在揚棄民粹主義的基礎上，將自己重建成立基於民主集中制的威權主義政黨，以便於中國大陸從計畫經濟體制向市場體制轉變過程中，威權政治體制能起著整合與穩定的作用。我們可以說毛澤東更重視的是，以階級鬥爭、群眾運動為基礎的民粹主義和社會主義之間如何辯證結合的問題，而鄧小平則重視政治和經濟之間如何辯證結合的問題[7]。

當鄧小平九二年南巡講話，企圖將社會主義和市場經濟聯姻時，他是希望以威權政治當主婚人，甚至要讓威權政治繼續參與經濟轉變過程，以發揮社會整合和穩定的作用。這種政治和經濟的辯證結合模式通過中共「十四大」也被正式確立下來，而「十四大」後，市場經濟的發展勢頭非常迅猛，對江澤民及中共構成很大的壓力，使得他們必須努力思考在發展建立市場經濟的同時，如何不會使市場經濟如脫韁的野馬到處橫衝直撞，造成對社會和政治的衝擊；而這就涉及如何在配合市場經濟發展的同時也能使中共的威權政治體制能夠進一步趨於鞏固，再推下去，這就更涉及中共所謂黨的建設的問題。「多談政治」、「三講」、「三個代表」的提出，都和完善鞏固威權體制與黨的建設有關。

在中國大陸從計畫體制向市場體制轉變的過程中，不只是

政治與經濟的關係會跟著變化，國家與社會關係、黨內與黨外關係（或稱黨群關係）也都會跟著起變化，而就會牽動政治角色的變化、政府職能的調整，以及黨的屬性和角色間調整的問題。從中共「十六大」可以看出，中共迄今仍然希望把政治統治的正當性奠立在經濟改革上，但同時又希望通過威權政治體制作為支持來保證經濟改革不會出格。所以，有不少人認為，中共「十六大」宣示一種不對稱的改革方向，只強調諸如金融銀行體系的改革等經濟改革，對於政治改革幾乎未曾著墨，其實這種現象正是反映了中共上述的思路和格局。

「穩定壓倒一切」是鄧小平在思考推動改革開放時心中的一把尺；對鄧小平而言，建構威權體制保證政治上和經濟上的穩定，才能實現改革開放創造條件，而這是鄧小平從改革伊始，就在一九七九年提出「堅持四項基本原則」的深層理由，而這些原則歸結起來，其實就是不允許中共領導地位被挑戰、被制約。如何完善鞏固威權體制，如何保證中國大陸在向市場經濟體制轉變的過程中，維持穩定和秩序，這是對江澤民以及江後的中共領導人最大的政治壓力和挑戰。因為市場經濟體制的建立，所導引出來的社會體系的變化，絕不是中共從傳統的思維邏輯所能想像的。

四、鄧後時代意識形態建構的模式

　　如何建構，進而完善與鞏固鄧後中共的威權體制，是鄧後中共領導人的重要政治工作；而其中關鍵的是黨的建設的問題。「三個代表」的論述，如前述主要因為這個問題而出台的。而在確立建立社會主義市場經濟體制的方向後，因應市場體制的發展，到底要建設什麼樣的黨，怎樣建設黨的認識，就成為一個迫切的問題。中共「十六大」把「三個代表」論述納入黨章，而且把這個論述概括稱為「三個代表」重要思想，因為其被納入黨章，這表示這個所謂重要思想也正式被納入中共意識形態結構內容中，而且中共也將定位為中共黨集體智慧的結晶，但沒有冠上江澤民的名號。中共對三個代表論述如此這般的意識形態定位，很明顯的是想要確立鄧後中共意識形態結構內容演繹與發展的模式。

　　中共在界定所謂毛澤東思想時，都會先強調是馬列主義基本原理同中國革命具體實踐結合的產物，從而才能說是對馬列主義的發展；這種界定是通過毛澤東在延安時期同國際派進行意識形態主導權爭奪時所揭櫫的「馬克思主義中國化」訴求作為中介的；而中共在界定所謂鄧小平理論時也都會先強調馬列

主義基本原理原則同當代中國實踐與時代特徵結合的產物，然後才說是毛澤東思想在新的歷史條件下的繼承與發展，這種界定是通過鄧小平和華國鋒之間在七七年至七八年間環繞著「眞理標準」爭論作爲中介的，而中共在「十六大」界定「三個代表」論述的意識形態位階時，非但沒有冠上江澤民的名字，而且直接說成是對馬列主義、毛澤東思想、鄧小平理論的繼承和發展，指稱「三個代表」論述是什麼馬列主義基本原理原則和當代中國實踐結合的說辭，這其中主要原因是鄧小平時代基本上維持一貫的路線方向，其中如前述不存在被判定爲錯誤的路線方向的現象。我們從「十六大」的意識形態結構內容的重建，可以看出往後中共意識形態操作的幾個端倪和方向。江後的中共領導人如果要將自己的論述擠入中共意識形態結構內容中，恐怕也無法再冠上他們的名號，但是也同樣會被稱爲中共集體智慧的結晶；而且也不能被概括稱爲是馬列主義和當代中國實踐結合的產物。除非中共最高領導人被認爲犯了路線方向的錯誤，而其後的中共領導人爲了要匡正錯誤，並且要以自己的論述扭轉錯誤才有可能再出現冠上領導人名號的意識形態術語。此外，在鄧到江到胡錦濤的權力傳承中，可以看出，下階段中共最高實際領導人一定會通過制度面的操作，讓自己的論述以集體智慧之名進入中共意識形態結構內容中，以保證自己的路線方向和志業能夠在身後或退出政治舞台後繼續；因此其

權力繼承人的論述都必須被稱爲或認爲是對除了馬列主義、毛思想、鄧小平理論的繼承與發展外，也是對沒有冠上名號的前面領導人的論述的繼承與發展。

而從中共「十六大」的意識形態建構中，也可以看出，鄧後的中共最高領導人進行論述時，恐怕都不敢針對歷史觀和社會觀等意識形態的核心部分來進行論述，充其量只敢循著鄧小平理論中的基本歷史觀和社會觀的論述方向，在特定的實踐向度和領域中，如黨的建設或精神文明建設等具有一般意義的議題上進行論述。此外，從中共「十六大」的意識形態建構中，也可以看出，江澤民在意識形態發展面的位階已經被定位，連帶地在相當程度上，其歷史地位也被定位，而透過這種定位，主要在確定權力過渡轉折的過程中路線的延續性。

另一方面，從中共「十六大」的官方正式論述，可以看出，毛澤東思想做爲所謂中共集體智慧的結晶，是中共新民主主義時期的意識形態結構內容的主體；而鄧小平理論做爲中共集體智慧的結晶，則是中共在完成社會主義三大改造，一九五六年「八大」後進入社會主義時期，中國大陸處在社會主義初級階段的意識形態結構內容的主體；而將沒有冠上江澤民名號的「三個代表」思想，做爲中共集體智慧的結晶，則是中國大陸進入後計畫時期的意識形態結構內容的主體。這三者之間的關係，中共都給予所謂繼承和發展的關係；而在鄧後的中共意

識形態結構內容的變遷中，則基本上都會特別強調受鄧小平理論的指導，從而才會強調是對鄧小平理論的繼承與發展。

「三個代表」的進入黨章，涉及中共對自身未來角色的定位，中共政治正當性的重建以及意識形態的更現實主義的發展。首先，它意味中共不再能以宣稱代表無產階級來作為政權正當性的基礎，而必須結合企業家、技術官僚和知識菁英，來維繫其統治；這其實與從八○年代以來中共在政治意識形態經常高喊「堅持四項基本原則」的基本訴求，存在根本性的張力。過去，中共一直說上述的「四大堅持」以堅持黨的領導為基本核心，而今在「三個代表」訴求的制約下，其實「四大堅持」就真的只剩下堅持黨的領導這一堅持了。這代表中共傳統意識形態的訴求已經正式宣告死亡，中共的政治運作進入一個現實主義當道的意識形態操作的情境之中；未來中共除了可以繼續鼓吹經濟發展外，恐怕很難再有大的願景和大訴求的論述能力。

其次，「四大堅持」若只變成了上述的「一大堅持」，不只代表中共意識形態領域的現實主義化，也代表中共固有屬性和體質的俗化，「共產黨」這個範疇，其實是成為想繼續威權統治的政治力量寄居的殼，而不再能擁有像過去一般的歷史意義和價值，中共第四代領導人繼承了一個已然空洞化的黨機器，他們將面臨嚴重的政治認同和正當性的危機。工農階級在中國

大陸將正式成為相對弱勢的族群。即在意識形態和黨機器更形空洞化的制約下，中共內部的訓練紀律要求和政治說服能力也將更形弱化。政治領域中的去道德化和去倫理化的現象應將更為明顯，這將對中共政治認同的建構造成另一種衝擊。

按照傳統的馬克思主義邏輯，什麼是社會主義、怎樣建設社會主義？不管是在理論或實踐上的回答，必須建立在底下三個基礎上：其一是生產資料實行公有制，即建立以公有制為主體的社會制度；其二是經濟生活由國家直接計畫組織，即建立計畫經濟體制；其三按勞分配個人消費品，否定商品經濟存在的必要性。

在這三個基礎中，其中第一和第三個基礎，在現實的實踐操作中，形成了相互支撐和保證的有機結合關係，建構了嚴格的由上至下的政經依賴和扈從的結構，而第二個基礎則是通過傳統式的勞動價值的論述方式提供了這種結構的理論辯護基礎。但隨著改革和開放的推展，市場因素的力量和影響力逐漸擴大，甚至已具有替代計畫成為經濟載體的趨勢，上述這種傳統的依賴和扈從結構逐漸解體，而且勞動價值論的理論辯護也因此失去其現實的基礎與辯護。勞動價值論長期以來是中共政治正當性深層的理論（從而也是意識形態）辯護基礎；但是隨著改革開放以來，以生產力為中心的論述蔚為主流，傳統的勞動價值論就逐步受到衝擊，中共「十三大」甚至還對按勞分配

論述進行了反思，而隨著中共「十四大」確立要建立社會主義市場經濟體制的目標以來，勞動價值論的命運就更不如前，江澤民在「十六大」的政治報告中，更強調必須尊重和保護所有所謂能有利於人民和社會的勞動（不管它是體力或是精神的勞動），「三個代表」論述在企圖擴大中共的群眾和階級代表基礎的同時，其實也對勞動價值論構成深沉的衝擊。不過，從另一個角度來看，「三個代表」論述，其實算是江澤民和中共悄悄的以「乾坤挪移」的方式對勞動價值論的改造和修正，從而希望能夠為社會主義和市場主義經濟聯姻，重新找到一個正當性、合理性的理論（從而也是意識形態）的辯護基礎。

註釋

[1]馮啓民,《國外鄧小平理論研究評析》,北京:高等教育出版社,2002,頁105。

[2]何家棟、王思睿,〈社會階層分析與政治穩定研究——評康曉光《未來三至五年中國大陸政治穩定性分析》〉,《戰略與管理》,北京,2002,期4,頁33。

[3]Maurice Meisner, *The Deng Xiaoping Era: An Inquiry into the Fate of Chinese Socialism, 1978-1994* (New York: Hill & Wang, 1996), pp.143-145.

[4]阿里夫·德里克,〈後社會主義?——對『中國特色的社會主義』的反思〉,李君如、張勇偉編,《海外學者論中國道路與毛澤東》,上海:上海社會科學院出版社,1993,頁299-328。

[5]同註[1],頁174-175。

[6]《鄧小平文選》第三卷,北京:人民出版社,1993,頁373。

[7]同註[1],頁156。

第二章

中共崛起與毛澤東的革命之路

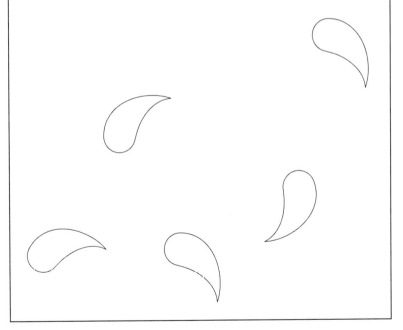

從毛澤東的生平來看，我們可以說，他不斷探索追求的是中國革命的道路，從中國的民主革命，到社會主義現代化國家的建設，毛澤東認為，中國面對的是比列寧在俄國時更複雜的革命情境，因此，馬克思列寧主義必須經過中國化或本土化的洗禮，也就是馬列主義中的原理原則必須與中國的具體國情相結合，才能成為完整的意識形態，也才能具體轉成有用的政策綱領或路線，中國的革命才能真正的成功。

在蘇聯十月革命成功的巨大光環及影響下，毛澤東依然能在理論及實踐上，擺脫蘇聯在意識形態及革命路線的制約，走出一條具有中國特色的社會主義革命道路，成功的建構了一套中國式的馬克思主義，找回中國的主體意識，這對於中國共產黨的革命來說，毋庸是一個關鍵的轉折。因此，要瞭解毛澤東主導下的中國共產黨的革命道路，就必須瞭解「馬克思主義中國化」對中共的影響及意義，同時也必須瞭解形成這套思想背後的知識論和方法論，關於這部分我們可以通過毛澤東的種種著作來找到答案，因為從「馬克思主義中國化」到「新民主主義革命」再到「大躍進」或「文革」，所代表的不只是一段中國歷史發展的崎嶇歲月，更是毛澤東思想具體實踐的表現。

一、延安時期的「馬克思主義中國化」與中共意識形態的建立

中共在一九三五年結束了所謂的兩萬五千里長征，到達了陝北，並開始了為期十三年（一九三五～一九四八）對延安及陝甘寧邊區的領導，而這個時期便是中共黨史上所稱的「延安時期」；在這個時期中，毛澤東的思想逐漸成熟，許多在後來被歸諸於「毛澤東思想」的大量著作，都是在延安時期完成的；同時，在毛澤東的主導下，「馬克思主義中國化」的提出，不但成功的確立中共在革命理論上的獨立性，及中共在意識形態上完整的建構，同時，也讓中國共產黨擺脫了莫斯科的控制而獲得政治上的獨立。

延安、陝甘時期，這是國共權力消長的關鍵時期。毛澤東在有相當準備的情況下進入延安，而其與國際派的鬥爭，背後的意涵在於：(1)歷史觀的修正；(2)歷史唯物論的再詮釋；(3)馬克思主義中國化的意識形態建構運動。也因為上述三點，中共建構了其完整的意識形態。毛澤東幫馬克思主義建構了一套本體論、知識論，奠定毛在馬克思主義發展的角色與定位，在一九四五年「七大」，毛的思想也正式被確立。

對毛澤東來說，馬克思主義中國化的歷程，就是馬克思主

義的普遍原理和中國革命具體實踐相結合的歷程，也就是馬克思主義能有效成爲中國革命理論指導的過程；而馬克思主義要能中國化的前提，是共產黨人對於馬克思主義理論必須有正確的理解和掌握，因此中國共產黨人必須加強對馬克思主義理論的學習，從整體上提高共產黨人的馬克思主義理論水平。一九三八年十月，毛澤東在中共六屆六中全會向全黨提出加強研究馬克思列寧主義理論的任務，中共並從一九三九年開始大量的翻譯出版馬克思主義的經典著作，同時建立各種幹部學校和理論機構，及初步健全了幹部理論學習的制度。一九四二年二月，在毛澤東發表了〈整頓黨的作風〉、〈反對黨八股〉兩篇文章之後，中共全黨的馬克思主義理論學習運動展開，而這延續數年的思想教育運動，即是中共黨史上所謂的「延安整風」。在毛澤東的主導下，延安整風對以王明爲代表的國際派進行了清算，並認爲一九三一年到一九三四年中共革命的受挫及失敗，是因爲國際派在領導上犯了左傾教條主義的錯誤；因此，從一九四三年開始，毛澤東領導幹部進行中共歷史及路線問題的重新學習，並開始總結歷史的經驗教訓，一直到一九四五年四月中共中央六屆七中全會通過「關於若干歷史問題的決議」，延安整風才正式結束[11]。

在延安時期，毛澤東與國際派在意識形態的主要矛盾，是在於毛認爲國際派犯了主觀主義、教條主義的錯誤，毛批評國

際派事實上不懂真正的馬克思與列寧主義究竟為何；毛澤東認為馬克思主義具有基本原理原則（核心），和個別論斷（外圍）的二元結構，基本原理原則是放諸四海皆準的，而個別論斷，則是指馬克思主義在特殊的時空環境下，對特別問題所提出的分析和陳述，這是具有時空的侷限性的；也就是說，毛澤東認為馬克思主義經過列寧的重新詮釋，馬克思主義已經東方化，而要作為中國革命依據的馬克思列寧主義，還必須再經過本土化或中國化的過程。

　　毛澤東認為國際派的根本錯誤，是在於把具有時空侷限性的個別論斷，作為放諸四海皆準的原理原則，而這是「教條主義」的錯誤；另一方面，國際派不知因地制宜，將馬克思列寧主義本土化或中國化，則是犯了「主觀主義」的錯誤，簡言之，毛澤東認為國際派是根本不顧現實的烏托邦主義者。

　　這裡值得特別注意的是，在延安時期之前，中共並沒定於一尊的意識形態，毛澤東與國際派的鬥爭，根本的來說，是中共第一次明確的意識形態主導權的爭奪；在鬥爭的過程中，毛澤東提出了「馬克思主義中國化」的理論，來批判國際派的教條主義和主觀主義，並質疑國際派因為不願正視中俄之間歷史的差異，所以在知識論和方法論犯了將馬克思列寧主義奉為圭臬的錯誤，但是在批判國際派的過程，毛澤東將意識形態的爭奪控制在知識論認識的水平上，避免爭奪的無限上綱，也就是

避免衝擊到馬列主義意識形態二元結構中的核心，屬於原理原則的世界觀和歷史觀的正當性地位，因為，如果馬列主義的基本原理的正當性遭到質疑，黨的正當性也會同時遭到質疑。中共建黨的理論依據是馬列主義，也就是說，中共革命在意識形態上必須面對馬克思與列寧，中共革命才會順暢；中共一直到延安時期，在毛的主導下才建立了自己特有的意識形態，建構了完整的意識形態結構；而毛為中共意識形態建構的基礎，是建立在其所認識的中國國情，以及將中國現實國情與列寧革命理論對話之上。

毛澤東認為：

1. 馬列主義到中國來，不算是中共馬上可以用的完整意識形態，馬列主義必須透過本土化（localization）或中國化的洗禮才能適用於中國。亦即，中共必須面對馬列主義全球化擴散的問題。馬列主義的全球化擴散，在中國要成為一個完整的意識形態，勢必要經過本土化或中國化的過程；而這也就是說中共在革命過程中必須嚴肅處理的「馬克思主義中國化」問題。

2. 馬列全球化之擴散，必須藉由本土化的過程為載體（matrix），馬列主義在中國才可以具體落實（realization），才能落地生根具體產生效應。

3.馬列主義雖然具有普世性，但若沒有經過本土化、在地化的特殊過程，便無法轉成具體的政策綱領或路線，也無法有具體化的效應。

　　也就是說，意識形態二元結構中的普遍原理原則，若沒有和特殊性相結合，是無法有任何具體作用的。毛澤東認為，上述三點論述，是認識馬列主義的一套認識論和知識論，這是中共黨員所必須具備的，但是國際派卻體認不清；毛澤東認為，馬列主義必須通過本土化、中國化的過程，才能成為一個完整的意識形態，才能為中共所用，國際派對馬列主義的教條主義，是陷馬列主義於不義，扭曲了馬列、中國共產黨和中國人民之間的關係。毛並認為，中國革命比列寧在俄國的革命，還要來得艱辛複雜，因為列寧只需面對馬克思主義如何俄國化的問題，但中共要面對的，是馬克思主義如何中國化，和列寧主義如何中國化這樣雙重的問題；對中共來說，列寧主義的中國化是一個困難的課題，因為這牽涉到了具體的中共與蘇俄、共產國際社會之間複雜的權力關係，因此，毛澤東一直到了延安時期，才提出了馬列主義中國化的問題，並建構了中共的意識形態[21]。

　　延安時期對中共建政的影響，主要表現在：(1)毛澤東透過馬克思主義中國化，整肅國際派，統一了黨的意識形態；(2)組

織的制度化建構，也就是建立了典章制度。一九四五年「七大」，毛澤東已成為中國共產黨最高的領導人，此時已有對毛澤東的崇拜，而這樣的崇拜和典章制度的建立之間，有張力存在，這樣的張力，常表現在對毛的崇拜的力量大於典章制度；在一九五七年之前，這樣的張力緊張被掩蓋，但在五七年之後，此張力緊張爆開，毛開始整肅異己。

其實，若以中共黨史來切割其意識形態的轉變，可以發現，中共建黨以來最大的問題便在於馬克思主義東擴，及列寧主義南擴的問題，而在處理這兩個問題的方法上，毛澤東相當程度的仿效列寧的作法，列寧在處理馬克思主義進入俄國的問題上，所採取的是「馬克思主義俄國化」的模式。

列寧如何將「馬克思主義俄國化」？主要可以從其三本主要著作來看：《社會民主黨在民主革命中的兩種策略》、《帝國主義是資本主義發展的最高階段》、《怎麼辦？》。列寧讓馬克思主義俄國化的重要關鍵，主要是透過與上述三本著作相對應的三個論述：「兩階段革命論」、「帝國主義論」和「政黨論」來實現的。

在一九○五年俄國資產階級民主革命爆發後，列寧著了《社會民主黨在民主革命中的兩種策略》一書，論證了關於民主革命中的無產階級領導權問題、工農聯盟問題、資產階級民主革命轉變為社會主義革命等原理，另外，在此書中建構了兩階

段革命論。列寧意識到俄國與西方環境的不同，不認爲俄國可以一步到位實現社會主義革命，而必須經過資產階級民主革命和社會主義民主革命兩個階段；到了一九一六年，列寧完成《帝國主義是資本主義發展的最高階段》一書，分析了帝國主義的本質、特徵和矛盾，並揭櫫了其帝國主義理論，從而把社會主義和革命建立在民族主義的基礎上；也就是說，列寧認爲落後地區在進行社會主義或共產主義革命時，以資本主義爲載體的帝國主義力量是主要的矛盾，而內部的階級敵人是次要的矛盾，因此落後地區的革命必須先與民族主義結合，就是把社會主義和民族主義相結合。

　　列寧的帝國主義論述，允許社會主義和民族主義相結合，這和馬克思是不同的，馬克思主義的邏輯，就階級對立的向度來看，是不允許民族主義存在的；但列寧的帝國主義論述，則允許落後國家可用民族主義作爲革命訴求，讓民族主義的存在具有正當性，使社會主義與民族主義得以結合。換言之，列寧的帝國主義論述，讓民族主義成爲社會主義的正當性基礎，而社會主義則成爲表現民族主義的介面。

　　列寧在一九〇二年的著作《怎麼辦？》中，則表達了其政黨理論；列寧不認爲社會主義革命可以因著資本主義社會內在矛盾而自然發生，在落後地區的俄國，更不能期待社會主義革命的自然發生；因此，列寧強調，無產者的階級意識是不會自

然產生的，在落後的俄國更是如此，必須靠外來以革命作爲終身職志的菁英份子所組成的黨來灌輸。這也就是說，和傳統馬克思主義結構民粹主義的路線不同，列寧走的是菁英主義的政黨和革命的道路，他不相信無產者會自發的形成階級意識並採取集體的革命行動，而必須靠前述的菁英的政黨來領導和保證。這樣的黨是個組織嚴密、紀律嚴格的黨，其運作的主體是靠所謂的民主集中制，這種制度重點在於決策未形成前，黨內可以充分討論，但既成爲決策後，黨內各層級就必須嚴格的遵守。列寧論述之兩階段革命論，代表的是馬克思主義俄國化、非西方化，其意義在於讓革命者認知，俄國要邁向社會主義、共產主義不可能一步到位，必須通過資產階級民主革命和社會主義民主革命兩個階段[31]。

列寧所謂的資產階級民主革命，就是在黨領導下的工農聯盟，打倒以沙皇爲代表的封建體制，並取消農奴制度，這是個過渡階段，對列寧來說，形式意義大於實質意義；社會主義民主革命，則是在完成資產階級民主革命後，在黨領導下的工人階級，實現整個俄國社會集體化，去除資本主義的因素。在兩階段的革命過程中，革命的主體爲何從工農聯盟轉爲工人階級？原因有二：第一，列寧認爲農民有兩類：資產階級農民和無產階級農民，在資產階級革命階段，農工都會加入成爲革命主體，但到了社會主義階段，資產階級的農民會背叛革命，而

無產階級的農民，可以與工人一起作爲革命的主體。第二，相較於馬克思，列寧修正了農民的角色；馬克思認爲農民不可能擁有革命角色，是屬於城市無產階級論述主義，但列寧賦予農民在資產階級民主革命階段和社會主義民主革命階段的角色；不過，列寧是認爲工人革命的位階是高於農民的，工人與農民在政治權力位階是上下從屬關係。

毛澤東通過馬克思主義的中國化的訴求來號召革命；而馬克思主義中國化的背後意涵，即是中共不可能完全按照列寧主義影響下的共產國際所設定的革命之路來進行中國革命，中國在此時必須超越自己，要走自己的革命之路。毛在一九三八年六屆六中全會，提出了馬克思主義中國化的訴求，具體的反映當時中共高層在意識形態上鬥爭的白熱化；毛提出了《矛盾論》、《實踐論》、《辯證唯物論》等理論和國際派進行意識形態的爭奪。

當毛提出馬克思主義中國化的訴求時，引發毛與黨內國際派的張力。但毛認爲中國共產黨內的國際派根本就是犯了教條主義、主觀主義的錯誤，並且是在錯誤理解馬列主義、不瞭解馬克思主義全球化擴散問題的情況下，才會反對馬克思主義的本土化、中國化。至於如何面對馬克思主義的全球化擴散，毛則認爲應該是以中國（或其他落後地區）本身特殊性的現實，和馬列主義普遍性的原理原則作辯證性的結合。毛澤東藉由

《矛盾論》和《實踐論》來理解哲學上論證的普遍性和特殊性，否證了普遍性與特殊性的二元對立，並且認為普遍性和特殊性應該是辯證的結合在一起。毛認為，普遍性必須透過特殊性作為槓桿，才能獲得完整的實現；而特殊性的發展與擴大，就是普遍性的表現，而這樣基本的哲學論述，該對應在中國具體的現實上，也就是中共如何面對馬克思主義普遍化的問題。

　　毛認為，馬克思主義普遍化的發展，必須通過各個國家或地區本土化的過程作為中介、條件和槓桿，馬克思主義的普遍化才有可能；即馬克思主義要進入中國，必須經過中國化、本土化的洗禮，才能在中國落地生根，如此一來，馬克思在中國才會具體，才不會抽象。毛澤東說，中國共產黨國際派只感受到馬克思主義的壓力與形勢，但是國際派不知如何面對馬克思主義。也就是說，在面對馬克思主義，中國共產黨國際派面臨的是「兩個如何」的問題：一是馬克思主義如何往中國擴散，如何中國化？二是如何面對馬克思主義的中國化？就毛澤東來看，沒有人打敗國際派，是國際派自己打敗自己的，國際派是不知所以然的進行革命，所以注定是失敗的。

　　馬克思經過中國化過程的洗禮，在中國對中共而言，才是完整意識形態的一環，馬克思主義若沒有透過中國化的洗禮，將是抽象、遙遠的。藉由中國化的洗禮，馬克思主義才會變成中共意識形態的一環。而馬克思主義俄國化的具體表現，就是

列寧主義的產生，而中共革命所面對的，其實就是馬克思主義俄國化後的列寧主義如何中國化的問題。

在中共的革命中，中國共產黨內的國際派為列寧主義者，國際派不知如何面對馬克思主義，也不知列寧主義如何擴散，不只在面對馬克思主義，國際派在面對列寧主義上也挫敗了。在意識形態上如何面對這些問題？如何對待馬克思主義或列寧主義全球化擴散的問題？毛澤東採取的解決方式，是告訴中國共產黨與中共黨員，要擺脫列寧主義，直接面對馬克思主義，將馬克思主義的重要性置於列寧主義之前。也就是：(1)面對馬克思主義的重要性，將它放在列寧主義之前，馬克思主義比列寧主義更重要；(2)中國面對馬克思主義普遍化擴散的地區，去抵抗列寧主義擴散的壓力。而只有突出第一點，將第二點放入括號中存而不論，中國革命才可以繼續走下去，中國革命才不會受共產國際與列寧主義的控制。

延安時期，毛無法再走列寧與列寧主義影響下的共產國際的革命之路，抗日民族統一戰線、拋棄階級主義的訴求、跨越階級統戰的訴求，已是毛認為更適合當時中國的革命道路；因此，毛對列寧主義歷史發展階段予以重新改造，並認為對歷史唯物論的重新詮釋，可以掌握其內涵，瞭解在一般情形下生產力和經濟基礎是會起決定性的作用的，而社會、歷史的改變，主要透過政治文化的變革來表現；毛澤東對馬克思的歷史唯物

論的再造,比列寧的詮釋,還更貼近馬克思主義,列寧主義對歷史唯物論的詮釋,其實是種化約。

毛在詮釋上與馬克思主義最不同的地方,是毛清楚勾勒出上層建築,指出上層建築和經濟基礎新的互動關係,提出社會歷史發展的可能性。毛的歷史觀是多元決定論,政治、文化、經濟等共同決定人類的歷史發展;而列寧的歷史觀則是經濟決定論。

毛澤東的《矛盾論》,發展了馬克思主義本質論和知識論;馬克思在思想上,主要是針對德國觀念論的批判與反動,但他並沒有引導建構出新的歷史觀或人類學。馬克思沒讓其成為更完整的體系,要瞭解馬克思思想中的本體論、知識論,就要藉由毛澤東的矛盾論。

在毛澤東的《矛盾論》中,提到凡是有存在,就有矛盾,矛盾是所有存在的屬性。矛盾是存有之所以可能的基礎,通過矛盾才有存有或存在的動力,與形塑存有的機制,也就是說,機制的表現,是通過矛盾的方式來呈現,透過矛盾來支撐任何存有與存在。世界的本質是以矛盾作為載體,其動力是通過矛盾而不斷地轉變、變革,雖然這樣的動力看起來是正反合,但正反合並非客觀的規律,毛也反對將正反合看成客觀軌道,外在世界的矛盾,基本上不是給予或命定的。基本上,通過人的實踐所促成的正反合的變革轉換,正反合的形式,制約了人的

實踐。

　　毛澤東非常反對將辯證法客觀化、規律化。正反合的發展並非先天存在的，人並非按照正反合的規律去行為，要人們擺脫由經濟決定論、客觀決定論，所衍生出來的政治等待，等待客觀經濟環境的成熟，才可以進行革命，採取革命行動；也就是說，毛澤東反對由經濟決定論、客觀決定論所制約的革命狀態，要突破經濟決定論、客觀決定論的束縛。

　　馬克思主義在通過列寧的俄國化，及十月革命成功推翻沙皇封建體制的資產階級民主革命之後，進入到了中國，並在經過二〇年代中國思想界的社會主義大論戰後，成為中國救亡圖存的思想介面之一；初期在蘇聯的幫助下，中國的少數知識份子在一九二一年創立了中國共產黨，並開始宣傳社會主義的革命理論及實踐；在蘇聯共產國際的扶持下，中國共產黨以帝國主義及資產階級作為打擊推翻的對象，並以蘇聯模式作為革命實踐時的依據。然而，一九二七年一連串工農武裝運動的失敗，讓中共中央開始思考有別於蘇聯以城市為中心的游擊戰爭及農村割據路線的可能性，雖然共產國際仍不斷的提醒中共以城市為中心的革命路線，並強調若沒有城市領導的全體農民暴動，革命仍舊會失敗，但此時中共的革命，已漸漸的開始重視農民和農村的革命角色和地位。

　　共產國際對於非西方世界革命的原則性規定，主要有以下

幾個重點：(1)不能背離以無產階級或工人為中心的原則；(2)不能背離以城市為中心的原則；(3)不能背離以培養無產階級為主的幹部政策方向；(4)不能背離以捍衛無產階級為中心的意識形態建構原則。在這幾個基本原則下，共產國際是允許各國可以走各自具有特色的道路。列寧主義和遵行列寧主義的共產國際的革命路線，是以組織嚴密的黨為槓桿，以城市為中心的革命道路。而毛澤東主導和期待的中共革命，則是以農村為中心，以群眾路線為主體的革命。毛和黨內國際派的鬥爭，重點就是在於革命路線的分歧，黨內國際派基本上是承繼列寧主義和共產國際的路線。

從上面的論述中，我們基本上理解了毛澤東的知識論、方法論以及伴隨這套知識論和方法論而來的價值觀與世界觀，然而如果我們想要更進一步瞭解毛澤東思想形成背後的因素，相信必須從毛澤東的革命實踐經驗中去找到答案。

二、毛澤東的革命經驗與思想的發展

一九二七年毛澤東發表《湖南農民運動考察報告》後，中共革命的重心開始由城市轉為農村。毛具有鮮明的農民民粹主義（populism）觀念，強調農民在革命中扮演的角色，並認為

農民的革命權力位階不該低於工人階級，甚至希望農民可以成為中共革命的主體力量與角色。另外，毛澤東也將列寧的兩階段革命論作了修正，他認為中國歷史從封建階段會進入半殖民、半封建階段，然後，進入新民主主義階段，才進入社會主義階段。從一九二八年十月到一九三○年一月，毛澤東陸續撰寫了《中國的紅色政權為什麼能夠存在？》、《井崗山的鬥爭》、《關於糾正黨內的錯誤思想》、《星星之火，可以燎原》等，除了對過去數年革命經驗的初步總結，及預測中國革命即將面臨的新情勢，另外，則是從理論上論證了農村作為革命根據地，及農村包圍城市路線的合理性與必然性[4]。一九二八年後，毛澤東認為中國廣大的農村雖然相對落後，但是卻可以具有落後優勢，因為中國農村落後，使其反而不受資本主義污染，好像一張白紙，可以畫出美麗的畫來；因此，廣大的農村應該可以成為革命的根據地。這種觀念的形成，代表毛澤東農村中心主義革命觀念的建構。不過，一九二八年後，中共革命重心雖然由城市轉向農村，但由於國際派希望將政治重心放在城市，因此產生了革命力量和領導中心不相合拍的緊張關係；因為國際派當時所堅持的城市中心主義，和工人中心主義的革命路線，和當時中共所面臨的現實不同，政治路線與現實有差距，毛便順勢推移，將革命的重心轉向農民和農村，並建構其革命論述，包括軍事論述，和對群眾路線的初步建構，及對列

寧兩階段革命論的初步修正。

在《中國的紅色政權爲什麼能夠存在？》，毛澤東認爲，中國是半殖民地，而俄國沒有被殖民統治過；在中國，城市的國民黨政權是資本主義和帝國主義的代理人，中國處在一個半殖民、半封建的階段，和俄國不同，因此，列寧的兩階段革命論要適用於中國，必須要有某種程度的修正；毛澤東企圖告訴中國人民，中國與俄國的社會結構不同，中國受資本、帝國主義侵略，屬於半殖民狀態，俄國並沒有受到帝國主義或資本主義的侵略，所以中國不能完全按照列寧的方法革命。在半殖民、半封建的階段，最重要的政治發展是階級鬥爭，半殖民、半封建之中國的政治任務，在於打倒封建主義、資本主義力量，也就是階級鬥爭的範疇，在農村，階級鬥爭主要是農民與地主的鬥爭，毛澤東對於中國革命中階級鬥爭的強調這部分，和列寧兩階段革命論以階級鬥爭爲主體的論述方向，基本上是相同的。

毛澤東在井崗山時期，提出了以農民、農村爲取向的革命，並逐步建構了其群衆路線的出路。毛認爲，中國革命要能成功，必須要有三合一的組合，一是紅軍的組成，二是要以農民和農村爲基礎，三是黨；也就是說，紅軍、農村和黨的三合一，是保證中國革命成功的要素；但爲了順應當時共產國際主導革命的現實以及中國內外形勢的變化。一九三五年十月，中

共還在長征的途中，中共駐共產國際的代表便根據了共產國際
在七大關於建立國際反法西斯統一戰線的精神，發表了「為抗
日救國告全國同胞書」，也就是著名的「八一宣言」，提出了中
國共產黨人關於建立抗日民族統一戰線的主張；然而，到了同
年十二月，中共中央在陝北召開了瓦窯堡會議，會議中批判了
以往中共黨內在統一戰線問題上的左傾關門主義錯誤，並開始
調整各項政策以適應抗日民族統一戰線的需要；從「反蔣抗日」
到「逼蔣抗日」的轉變，基本上顯示了毛澤東革命論述，由強
調對內之革命階級鬥爭，轉由強調對外之民族鬥爭，而其主因
是抗日戰爭爆發，中共不能再講階級主義，轉而提出跨階級的
抗日民族統一戰線。

　　毛澤東在江西蘇維埃時期（一九二八～一九三五）之後，
便開始具體建立有別於列寧的個人思想路線，而其重點則表現
在民主集中制與群眾路線的觀點上。毛澤東基本上是農民民粹
主義者，但同時也是一個現實主義者，在抗日時，毛並不特別
突出農民的地位，而將其轉化成多階級聯合統一戰線。毛澤東
一直希望，農民能在革命中扮演重要的角色，但尷尬的是，毛
在取得政權之後，又不能賦予農民正式的角色。

　　對毛澤東而言，中國革命的複雜度遠高於俄國，因為俄國
沒有像中國一樣受到西方帝國主義的壓迫與侵略，毛認為中國
的革命，要通過對內以階級革命為訴求的階級革命，對外則是

以民族主義為訴求的帝國主義革命，才能完成；也就是說，毛在延安時期的新民主主義論述，是以多階級聯合統一戰線作為訴求，將階級主義和民族主義相結合。而毛澤東思想的建構，是通過帝國主義論述為橋樑和列寧產生關係的。

　　一九三五年後，毛澤東在特殊的情況下，必須去解釋歷史，提出歷史觀，於是在一九三七和一九三八年，毛分別提出了《矛盾論》和《實踐論》，作為理論與意識形態的建構，替紅色政權的存在提供了辯護的基礎。從一九三五年到延安時期，毛澤東便開始思索，如何建構革命的思想理論，於是從列寧的兩階段革命論中擷取論述基礎。而列寧早期的革命理論，是認為革命一定先要經過資產階級民主革命，但到了晚期，列寧承認民族解放革命可作為革命的第一階段，非西方國家在民族解放革命成功之後，再進入社會主義革命，也就是說，反帝的民族解放，可以成為落後地區革命的首要任務。

　　由於列寧在早期和晚期關於革命階段性的論述不同，於是產生了列寧革命理論一致性不同的問題，毛澤東抓住了這個問題，希望幫中國共產黨走出不背離列寧主義的方向，但實質上卻可以跳脫共產國際和列寧主義完全制約的路，而也因為列寧革命理論早晚期的不同，因此給了毛論述的空間。中共的國際派並沒有發現問題的嚴重性，還是死抱著列寧兩階段革命論的論述，要求中共的革命必須依照列寧的革命理論，但國際派忽

略了列寧在晚期對於落後國家在革命過程中實行民族解放優位性的認同。

　　另一方面，在對於黨的觀念上，毛澤東更與列寧主義基本上是不同的。列寧黨的理論是菁英主義論述，毛則朝向以強調群眾路線為主的民粹主義論述發展，甚至毛認為黨的正當性基礎必須透過群眾路線來建立。從這點來看，毛澤東思想不能算是列寧主義的直接發展的產物，毛澤東相信人民群眾的力量可以跨越客觀的歷史條件的限制，實現社會主義革命。毛澤東從這種民粹主義的途徑形成唯意志論的史觀，形成不同於傳統馬克思主義者經濟決定論的看法。

　　在原始馬克思思想中，無產者在資本主義社會中，與資產者進行結構性的衝突，無產者會形成階級意識與資產者進行對抗，形成衝突性的結構對抗。就馬克思的看法，這有其結構的必然性，而無產者，通過與資產者的結構性對抗，會進一步希望在社會上層建築的政治領域中，通過組織來爭取共同的利益，於是就形成了階級，繼續不斷的與資產階級進行對抗，進行革命。

　　馬克思認為，在與資產階級的對抗過程中，自發性組織的無產階級是革命的主體與主角，但列寧並不這麼認為，列寧以為在落後的俄國，無產者無法自發自然的形成階級意識，必須靠以革命為志業的職業革命家加以啟蒙教育（菁英主義觀念），

才會有階級意識和社會主義、共產主義的自覺；因此，在列寧的想法中，以革命為終身志業的職業革命家，才是革命的主體。

馬克思認為先有無產者的實體的存在，才會有無產階級的意識；而針對無產階級意識的形成問題，列寧並不否認要依附在無產者的實體上，但認為兩者之間沒有必然聯結的關係。毛澤東則以為，無產階級的階級意識的形成，與是否有無產者實體的存在，並沒有關係，只要中國有無產階級意識的存在，就代表了有無產階級的存在。

在對於黨的論述上，馬克思認為無產者透過和資產者結構性的衝突和對抗，就會自發的產生無產階級意識，但在對於無產階級如何組成政黨，馬克思並沒有進一步的論述；列寧則認為政黨組成是屬於職業革命家的專利，並非無產階級可觸碰的，職業革命家和無產階級者，是屬於黨和群的關係，是上下從屬的黨上群下關係。列寧菁英主義式的政黨論述，把馬克思認為的革命主體工人和無產階級變成了配角，職業革命家則是革命真正的主角。不過，列寧區別黨內黨外的不同，以職業革命家為主體的黨必須要有相較於黨外知識與道德上的優位性，然後才能具有權力的優位性；而要有道德知識，進而有權力的優位性，黨內就必須依循民主集中制來運作。換言之，列寧認為民主集中制是黨的政治運作和遊戲規則。

　　基本上，毛澤東認為民主集中制與群眾路線具有共謀共生的關係，民主集中制不應該只是黨內的運作機制，它應該是黨和群眾互動的遊戲規則，毛認為，黨從群眾中來，就應從群眾中去，黨和群是辯證的互動關係，黨與群眾是相互滲透、相互支撐和相互保證的，也只有這樣，黨領導的正當性才能體現。毛澤東和列寧民主集中制最大的不同，在於毛是以民粹主義，而列寧是以菁英主義來談的，列寧認為民主集中制只能在黨內運作，但毛以為民主集中制應該是黨內與黨外互動的機制。毛並且認為，民主集中制可作為保證黨與群眾雖有所區隔，但卻又可以取得認知的一致性。亦即，民主集中制不是體現黨相對群眾的優位性的機制，而是黨要落實體現群眾路線的機制，黨和政治菁英領導的正當性要靠群眾路線來保證；而群眾的認識和意志則反過來要靠黨和政治菁英來整理歸納並使其具體化，甚至轉為政策，進而能被群眾接受並落實實踐。

　　馬克思所認為歷史的發展，是原始共產社會、奴隸社會、封建社會、資本主義社會、社會主義階段到共產主義階段的線性發展；列寧認為歷史的發展，應該是由落後地區的封建社會開始，經過資產階級民主革命、社會主義民主革命到社會主義階段，最後進入共產主義；毛澤東針對中國的現實，提出了新的歷史發展觀點，他認為中國是由封建社會到半殖民、半封建的半資本主義社會，然後經由新民主主義階段，進入社會主

義，然後才進入共產主義。毛認為，中國半殖民、半封建的半資本主義社會，勉強可以說得上是列寧史觀中資產階級民主革命的階段，但毛所說的新民主主義，就不等於社會主義民主革命了。

毛認為，新民主主義階段，是以民族解放為主軸，此階段的動力，是在於中國對帝國主義的抗爭；而新民主主義時期，必須跨越階級鬥爭，應聯合各階級來對抗外來入侵，應以民族解放為目的；同時，新民主主義階段應肩負起讓中國邁向社會主義的客觀經濟條件。在新民主主義階段，中共必須主導形勢的發展，並保證中國終必邁向社會主義的政治力量，也就是保證中國不會偏離社會主義。

毛澤東在修正了列寧的歷史觀後，以民族解放作為中國革命的首要工作，因此，在政治路線上提出了跨越階級合作的抗日民族統一戰線，在經濟上，則是市場與計畫主義的結合，也就是允許資本主義的力量仍存在中國，但同時又將資本主義的發展作為向社會主義過渡的槓桿，毛澤東將這段時期稱為「新民主主義」階段。

新民主主義階段，即是以社會主義為體、資本主義為用的階段，國家透過種種政策保護資本主義，並且管制資本主義，以避免中國被資本主義固定化；市場、資本主義的存在，是為了讓中國具有邁向社會主義的客觀條件，毛承認，新民主主義

階段的理論，是受到三民主義中民生主義的影響，毛並且認為社會主義的體現，是要透過國家種種政策去維持、保證的。

　　那如何保證新民主主義階段，不會讓中國傾向資本主義？毛說這個問題要回到列寧的理論中來回答，也就是要靠一個堅強的中國共產黨的存在，來領導和保證。同時，在新民主主義階段，毛以民族解放為目標，於是便明顯的迴避了工農聯盟專政或無產階級專政的問題。毛認為，中國是幾個聯合起來的階級，一起反抗帝國主義的侵略，這種政治模式的操作，和蘇聯有相當大的不同，毛認為蘇聯和蘇維埃政權是以工農階級為主體，而中國在新民主主義時期，則是史無前例的創造了一個多階級聯合的國家。

　　毛澤東認為，一個國家由哪個階級專政，其國家的體質便呈現專政階級的屬性，這也是中共在認定一個國家國體的標準；而政體，則是指政權組成的方式或形式，中共認為政體是統治階層用來統治其他階級的政權組織。依照這樣的解釋，我們可以清楚的知道，中共政權的國體不是所謂的工農專政，而是多階級聯合，是「人民民主專政」的「人民共和國」。

三、建政後的毛澤東思想的發展與實踐

　　一九四九年，中共建政成功，隨著中共政權的建立，毛澤東必須回答關於中共建政後新國家性質、各階級在其中的地位、相互關係等等問題，在一九四九年六月，毛發表了《論人民民主專政》，以馬克思主義國家學說作為依據，從中國具體國情出發的闡述了關於人民民主專政的理論與政策，並明白指出推翻帝國主義和國民黨反動派主要是靠工農兩個階級的聯盟，因此，人民民主專政的領導是工人階級，階級基礎是工人、農民和小資產階級的聯盟；而人民民主專政的本質，是對人民實行民主，對反動派實行專制的相互結合。

　　就毛澤東的邏輯來看，一九四九年中共建立政權，是新民主主義革命的勝利，一直到了一九五六年，中共完成社會主義三大改造後，中共才宣布新民主主義階段的結束，並在同年召開的「八大」中，正式宣告由於社會主義的改造完成，中國大陸要開始進入所謂的社會主義時期。亦即，對毛澤東來說，政權的建立，宣告了半殖民半封建社會的終結，而一九四九年十月到一九五六年九月，則是從新民主主義社會過渡到社會主義社會的時期。

　　毛澤東認為，在新民主主義革命時期，多階級聯合的力量，是革命的主體，也就是說，毛強調中國革命的主體，是為多階級聯合的主體革命力量，而人民共和國的建立，則是以統一戰線出發的多階級聯合為基礎。中共的建政，是透過跨越階級主義，得到農民、農村和廣大社會支持而成為可能，抗日民族統一戰線的政策路線，為中共獲得了民間社會的力量，而強調以農民為革命主體的統戰訴求，鞏固了中共政權的社會基礎。中共建立政權時，並沒有與特定的階級畫上等號，其政治上的操作，會有一定的自主性；但與此同時，中共必須承受馬列主義給予的壓力，也就是中共何時才能宣稱其代表無產階級，宣稱是以奉行無產階級之名來掌權。而這樣統戰訴求的效應，表現在一九四九年到一九五二年，中共在經濟政策上的漸進主義模式，其具體的呈現在農村土改，及工業部門之政策方面；而其激進手法的表現主要在兩個部分，並強調以人民民主專政來進行：一是打倒舊秩序，剷除舊的權力關係（非對抗性矛盾）；二是在政權建立後，對付政敵，打倒政權敵人（對抗性矛盾）。

　　中共建政初期政策上的漸進主義，主要表現在經濟領域。中共建政後，為了經濟的發展以及現代化道路的進行，必須獲得蘇聯的資助，所以必須與蘇聯打好關係。而且蘇聯除了可以提供資金和技術外，更是個有效的參考座標，學習蘇聯模式與

經驗，特別是工業化以及中央計畫經濟體制，可以讓中國經濟快速發展和政治權力集中。

中共的經濟政策首先表現在農村改革部分，一九五〇年代，為爭取農民對中共政權的利益認同，中共採取了耕者有其田的土地改革來回報農民，因為中共不願在土改之前貿然的集體化，並認為若未土改之前就實施集體化，則會造成不成熟的集體化模式。中共一方面為了爭取農民信任，同時基於中共當時並沒有足夠的人力人才去管理農村的集體化，因此中共最先進行的土地改革，並沒有急躁的集體化改造。在土改中，中共直接將土地給了勞動者或貧農，雖然在土改的過程中，至少有八十萬地主被殺掉，但是對一般貧農而言，土改的手段是溫和的，至於中農、富農甚至是地主，只要是在革命時支持中共，或支持土改的就不會被殺害；在中共的土改政策推行下，中共的農村逐漸轉變成小農經濟，這與中國傳統農村結構比較，可謂已經產生很大的變革。

在工業部門方面，一九五〇年到一九五二年這三年，中共定為國民經濟恢復期，並以十年為期作為經濟發展的時限，這當中，中共並沒有把所有的生產手段收歸國有，也就是工業部門並未全部收歸國有，這期間仍允許私有企業的存在，鼓勵私有企業與國家合作，此時仍有許多公私合營的企業。中共對公私合營與私有企業，是透過國家力量給其訂單與原料的提供，

保證其產品產出的正常，爾後，再漸漸的將其收歸國有，以確保工業部門的生產不會轉變、受阻、中斷。

　　中共的土地改革，是為了爭取農民的利益認同，而形成小農經濟模式，農村的土地被切割，農民變成小地主，而這樣的小農經濟，其實並不利於農業技術的大規模推展，不利於農業現代化的推展，而且也不利於政權運作。中共以漸進主義的方式來進行農村的集體化，五二年到五四年，先建立農村互助隊、互助組，五四到五五年，農村建立初級農業合作社，五五到五七年，則是成立了農村高級合作社，一直到一九五八年，則合併為人民公社。中共的農業集體化，是配合工業國有化的經濟政策來進行的，而這種在經濟政策採蘇聯模式的重工輕農，以農業來支持工業，換言之，就是讓工業部門剝削農業部門之經濟剩餘，來累積創造國家財政，完成工業化、現代化的道路。

　　工業部門的國有化和農業部門的集體化，對中共而言其政治意涵是代表了中國長期被割裂的政治、經濟的集中和統一。中共建政後的第一個五年經濟計畫，是以蘇聯模式為依據，企圖讓中國內部有限的農、工資源，集中發揮其效果。但是這種政策也產生了問題，「重工輕農」的作法導致農、工業的發展嚴重的不平衡，城鄉、區域經濟的發展失衡，讓工業剝削農業剩餘，讓原本就脆弱的農村經濟雪上加霜，這對毛澤東的打擊

很大，甚至被認為會動搖中共治國之本。且在國有化、集體化之下，農工業產生的經濟效益，還不足以支付對蘇聯的貸款。另外，走蘇聯模式的作法，使中國大陸產生了專業的技術菁英階層及黨工階層，這不但牴觸毛的民粹主義、群眾路線之政治思維，更和中共革命模式背離。也就是說，蘇聯模式的經濟制度，是以科技發展為主的現代化道路，透過科技的發展，使生產力得以提高，帶動生產關係的改變；然而，毛澤東並不認可這樣的模式，他認為以科技為主的生產力提升，會造成嚴重的後果，也就是會培養許多技術與專業菁英，會有新的階層與階級，會使社會主義變質，使資本主義復辟。換言之，原本作為邁向社會主義手段而非目的的科技發展，在蘇聯模式的經濟制度中，成為了目的而非手段。毛認為，蘇聯追求的是與西方相同的現代化道路，雖然外觀不同，但內在的精神是一樣的，如此一來，社會主義國家會成為笑柄。

　　因為東西冷戰的結構，中共遭到經濟的封鎖，中共以工業國有化為基礎形成封閉的自我循環的經濟模式。中共自我循環的經濟模式，是在農業集體化後，將農副產品統購、統價的賣到工業部門作為材料，或作為公家單位的職工生活必需品，由於對農業產品的統購統銷，使得工業部門的生產水準可以壓在很低的水平上；而工業部門的產品則以一般的價格賣給農業部門，導致工業、農業產品之間價格的剪刀差，而這樣的價差，

其實就是工業部門利潤的主要來源。

工業部門對農業部門進行經濟剩餘的剝削，犧牲了農業來培植工業，工農價差所帶來的利潤，是國家財政預算的來源，而銀行只是帳房，此外，職工基本生活雖獲得支持，但是工資待遇水平低，且由於在計畫經濟之外可以買到的產品有限，所以儲蓄率高，而為了避免引發通貨膨脹，中共有時必須釋放少許民生必需品在市場流通。

不過，中共計畫經濟體制，較之於蘇聯，可以說是小巫見大巫；蘇聯有五千項產品列入計畫經濟體制，而中共只有六百項（這就使中共在毛後時代比蘇聯具有更大的改革空間，讓鄧小平得以在計畫體制外另造市場，把市場養大，再逼迫計畫經濟改變）。而中共建政初期的封閉、半封閉循環體系，是屬於戰備性的經濟，是為了因應戰爭，可以自我循環的財政經濟體系。毛澤東在一九五六、五七年，反思蘇聯模式的弊端，他認為，相較於蘇聯，中共農業的量產與產能是脆弱的，如果再以工業逼削農業，中共農業會垮掉，糧食就會出問題，會動搖國本。

另一方面，中共向蘇聯貸款所付的利息，與中共的經濟總產值幾乎抵銷；蘇聯似乎有意無意的希望中共不僅要學習其經濟模式，也要學習經濟之外的經驗，而這就觸動了毛敏感的神經，牴觸中國長時間追求民族國家建構的願望。

　　在延安時期，毛以馬克思主義中國化來和國際派抗衡，讓中共從列寧主義、史達林之束縛解放出來，也就是讓中共從蘇聯解放出來，有了完整的意識形態，及政治上的自主性，毛希望走自己的社會主義道路。列寧主義（菁英主義、制度主義）透過史達林的繼承與實踐，形成「一國社會主義」的觀念訴求並影響著中共，從而也造成了與毛民粹主義相牴觸的技術官僚與黨政幹部的官僚集團，這都不是在亟思走出自己道路的毛澤東所能忍受的。

　　從五七年後，中共開始反省蘇聯模式重工輕農的經濟模式，並認為農業要先穩住，農業的產值產量被維持提升時，糧食才有著落，工業才得以發展。對於農業問題，中共內部有兩種看法：一是以劉少奇、陳雲為主，認為農業技術應透過全面的機械化，使產量能夠提升，如此一來，中國就必須仰賴蘇聯的資金、技術和機械，所以毛澤東並不認同；二則就是毛澤東沿襲自延安時期的群眾運動，也就是以廣大農民為動力，以民粹主義、群眾運動的方式來進行農業產量產能的再提升。毛澤東一直是重農主義者，扭轉工農剪刀差，一直是毛的期待；在一九五五到五七年，農業合作化運動順利展開時期，毛對農業發展是有高度浪漫期待的。

　　在工業部門方面，毛澤東和劉少奇、陳雲也有分歧的看法：陳雲認為企業內部必須要有物質激勵機制存在，讓經理人

員在管理上能有自主性，但毛澤東認為，這樣的作法是鼓勵工業部門中資本主義傾向的抬頭，有違當初中共革命的目的；毛澤東不鼓勵滑向資本主義，且認為應該在不違背黨領導的原則下，讓權力下放企業，如此一來，就會形成與地方一體的企業機構，有利於推動群眾運動，並使工業部門和群眾運動相結合。

　　一九五六年四月，毛澤東在中共中央政治局擴大會議中發表了「論十大關係」，要求調整十個方面的關係，包括經濟結構、管理體制、黨群關係、國際關係等等，而其總的傾向是背離蘇聯模式的社會主義建設路線，轉為較為靈活和寬鬆的政策，比如說不要一味的發展重工業，要注意到農業和輕工業的發展；要多搞經濟，少搞軍備等；這是因為蘇共二十大赫魯雪夫對史達林全面批判的衝擊，使得中共改變了一邊倒的政策方針，不再一切以蘇聯為依歸。同時，毛在一九五六年開始推動「百花齊放，百家爭鳴」的雙百鳴放運動，五七年五月中共中央正式發出的「關於整風運動的指示」，更進一步的決定在黨內展開一次大規模、普遍的對官僚主義、主觀主義、宗派主義的整風運動，此意味著毛已經不能忍受中共黨員因經濟體制變革所帶來背離革命的情境。因此，毛開始想走一條跟蘇聯不同的路，企圖快速實現農業工業化，以提高農業產量，支撐工業部門。此時，毛的思維中已經有大躍進的影子出現。

四、從大躍進到文革的「左傾」

　　大躍進是中共建政歷史上在經濟上的狂熱運動，讓中國大陸遭遇了一次很大的災難。大躍進出現的原因，和一九五七年八屆三中全會對一九五六年反冒進的批評有關；另外，則是受毛澤東在一九五七年十一月的莫斯科之行的影響。但更深層的原因，則是一九五七年反右鬥爭中所激盪出來的「左」思潮的氾濫[5]。一九五六年，中共第一個五年經濟計畫，及社會主義三大改造同時基本完成，在同年召開的中共八大，確定了歷史階段的轉折，而中共建黨以來所追求的無產階級專政、生產資料公有的社會主義社會，也終於建立。八大時工業國有化、農業集體化的工作順利進行，中共認為可以向更深一層社會化的方向推進；而在肯定工業化成就的同時，中共也開始對蘇聯模式作初步的反省與檢討。中共「八大」強調經濟政策與政治路線必須調整，必須解決當時落後生產力與先進社會主義生產方式的矛盾。但是要解決落後生產力與先進社會主義生產方式的矛盾，如果只靠工業化、機械化，又會陷入蘇聯模式的思考。

　　一九五六年，國際上發生了赫魯雪夫在二十大提出「關於個人崇拜及其後果」的對史達林的全面否定的秘密報告，也爆

發了波蘭、匈牙利境內反共產黨領導的社會動盪，這讓毛澤東
發現社會主義國家內部仍然存在對抗性矛盾；同時，因為社會
改造和經濟建設的冒進，讓中國大陸政治和經濟生活都出現了
緊張關係，包括學生升學、工人就業及轉業軍人的安置都出現
了一些問題，而在五六年九月到五七年三月間，中國大陸內部
陸陸續續的發生工人罷工、學生罷課、農村鬧退社、鬧缺糧等
事件[6]。為了避免像蘇共或其他東歐共黨國家一樣政治動盪，
毛覺得確立黨的領導權威，讓中共政權能更穩定，是首要的工
作重點。

　　五六年中共八大召開之前，毛澤東在中共政治局擴大會議
中提出了「論十大關係」報告，而這個報告除了總結中共建政
以來建設社會主義國家的經驗，同時也提出了對照搬蘇聯社會
主義建設模式的質疑，毛明確的指出建設社會主義必須根據本
國情況走自己的道路：在「論十大關係」中，毛澤東歸納整理
了中國大陸所面臨的十大結構問題，作為揚棄蘇聯模式的前
提。毛並且認為，中國共產黨的領導權威的重建，必須建立在
中共對十大關係面向的瞭解，而其實這所謂的十大面向，都觸
及到黨國機器與群眾、社會之關係，也就是說，要處理好黨與
群、與社會的關係，這十大面向都必須掌控好。

　　因為意識到蘇共二十人赫魯雪夫批判史達林的嚴重，毛澤
東提出了「論十大關係」，開始強調黨領導的重要，並認為社會

主義國家內部仍充滿了矛盾，而且是對抗性的矛盾，因此在一九五八年提出了不斷革命論，以圖消除社會主義國家內階級敵人的存在。雖然中共在一九五六年八大中，認為急風暴雨式的階級鬥爭已經結束，但毛卻在八屆三中全會指出階級鬥爭仍然存在，並以為中共在建黨後，中國大陸仍存在無產階級和資產階級的鬥爭，所以要不斷革命來維繫社會主義的純正性；在毛主導下的八屆三中全會，認為中共建政只有政權的更迭，和財產權的改變，但這樣並無法保證中國大陸可以穩定的建設社會主義，也不能保證中共能夠邁向更成熟的社會主義。也就是說，毛認為中共建政後的生產關係並沒有結構性的改變，要走入更成熟的社會主義，必須將生產關係與上層建築做結構性的改變；學習蘇聯模式，只是政權與財產權的更迭，以及經濟基礎與下層建築的變革，並非生產關係與上層建築的變革。毛認為蘇聯模式是科技掛帥的西方式現代化的道路，而這條道路並不適合當時的中國，而中國也不能一直停留在下層建築的變革層次上。

在一九五五年，也就是八大之前，中共曾對農村經濟的未來走向有過激烈的辯論：劉少奇、陳雲認為，農村的機械化可以保證中國農村由集體化走向社會化，但毛反對，並且認為不可行，毛認為要使農村社會化，必須先調動農民的積極性。一九五〇年代初期，農村集體化、工業國有化推行的成功，讓中

共對社會主義建設充滿了信心和期待，但毛卻反對以機械化來進行農村的社會化。

　　毛對匈牙利事件的解讀，是認為這代表群眾對官僚化共產黨統治的反抗，而官僚化的共產黨是道地、極端的保守主義，是對社會主義的背叛；匈牙利事件，是中共在處理黨群關係時的一大借鏡，而落實民主集中制，是處理黨群關係良好的方法。對於列寧來說，民主集中制只是黨內的遊戲規則；但對於毛澤東來說，民主集中制是黨與群眾互動的機制，黨與群需要靠民主集中制，才能避免中共發生像匈牙利一樣的事件，才能避免群眾不滿意黨。一九五六年毛澤東開始推動雙百運動，到了五七年初，雙百運動形式上仍在毛的預期下進行，知識份子也踴躍的參與雙百鳴放，但當知識份子開始質疑共產黨執政與黨革命的正當性時，毛就無法忍受了。一九五七年六月，雙百鳴放運動轉而成為反右運動；在此期間，毛寫的「關於正確處理人民內部矛盾問題」，對毛澤東死後的改革發展影響非常的大。

　　從一九五八年開始，中共近入黨史中所謂大躍進的年代，以「一天等於二十年」的速度企圖快速的向共產主義邁進；在五七年六月「關於正確處理人民內部矛盾問題」中，毛澤東認為修正主義比教條主義有更大的危險性，並認為教條主義屬於思想認識範圍問題，而修正主義則是政治範圍的問題，亦即，

毛已有了「左」比「右」好的思維。同年召開的八屆三中，除了討論整風及反右的問題外，對於五六年的反冒進也提出了批判，所謂的反冒進，就是從五六年開始，劉少奇等當時主持經濟的領導人，對於五五年下半年以來開始出現的經濟冒進現象，陸陸續續提出了糾正；但在八屆三中上，毛認為中國社會主義的經濟建設應該可以搞得比蘇聯更快一點。

五七年十一月毛澤東到莫斯科參加了共產黨和工人黨代表會議，在蘇聯發射全世界第一個人造衛星，及提出十五年要超越美國的刺激下，毛在會中提出了中國在十五年內鋼鐵產量要趕上或者超過英國；而到了五八年五月中共八大二次會議召開的時候，通過了「多快好省建設社會主義」的總路線，大躍進的全國性運動於是展開，在農業「以糧為綱」、工業「以鋼為綱」、十五年「超英趕美」的口號下，全中國大陸陷入快速奔向共產主義的氛圍中。

在大躍進的狂熱中，中國大陸在短短的幾個月，將七十四萬個農業合作社合併為兩萬六千個人民公社，入社農戶達99％以上，農村實現了人民公社化[71]。人民公社必須(1)負責基層政權的行政工作；(2)負責公社人民健康、醫療等社會保障；(3)負擔軍事國防任務。人民公社是毛澤東對農村工業化的想像與設計，希望中國按民粹主義的方式快速完成工業化目標，而農業的快速工業化，是以調動人民的熱情積極性為基礎，是不同於

蘇聯社會主義模式所進行的工業化道路。

　　一九五八年毛澤東在南寧會議上，拋出了「繼續革命論」，認為中國大陸進入社會主義後，仍會有矛盾，而且是對抗性的敵我矛盾，因此要透過不斷的革命鬥爭，將隱藏在黨內的資產階級鬥出來，以保證中國的社會主義道路的持續發展。而從毛的不斷革命論的提出來看，可以說毛不是一個像列寧、史達林一樣的烏托邦主義者，而是一個務實主義者。在列寧的《國家與革命》中，認為社會主義革命後即是無產階級的專政，也就是滑向社會主義，並朝著共產主義前行；但毛認為這樣的過渡其實是很烏托邦的，因為社會主義國家內仍然有對抗性矛盾。

　　毛澤東認為，要解決社會主義國家內部的對抗性矛盾，需要上層建築的改變，而上層建築的改變則要以群眾的力量來進行。毛澤東希望，以調動農民熱情，來克服中國現實客觀條件的不足，改變農村的結構，讓農民由舊農民成為社會主義新農民；毛不斷的鼓吹農民民粹主義的論述，並提出了「落後優勢論」和「一窮二白論」；所謂的落後優勢，是指中國是一個以農民為主體的國家，也是一個農業社會，以經濟發展的角度來看，中國的經濟發展相較於西方是落後的，但這卻是中國的資產，因為中國廣大的農村像一張白紙，並未受到資本主義的污染，所以雖然比西方落後，但也因此能在不受資本主義污染下有更好的條件向社會主義過渡。

　　大躍進出現的主要原因，最主要與毛澤東的思想轉變有關，特別與毛急於走出一條與蘇聯模式不同的社會主義道路有關，通過《矛盾論》、《實踐論》、《辯證唯物論講授提綱》、「論十大關係」和「關於正確處理人民的內部矛盾」等系列的論述，毛澤東從理論層面上去挑戰了蘇聯對馬克思主義的解釋權，他反對蘇聯通過經濟主義的角度去詮釋歷史唯物論，將歷史唯物論化約成經濟決定論。

　　通過上述著作的思維與對中國現實環境的觀察，毛重新詮釋「生產力」和「生產關係」之間的作用，毛認為生產力和經濟基礎雖然是會起影響作用，然而在一定條件下，生產關係與上層建築也會起決定的作用。上層建築雖然是經濟基礎的反映，但是在必要時候也反過頭來影響經濟，兩者不必然是孰優孰劣、孰先孰後的關係，而是互為表裡、相輔相成的辯證發展關係。

　　毛對生產力和生產關係以及上層建築之間的看法，使他對馬克思主義的生產力論述做出新的詮釋，毛認為，原始馬克思的歷史唯物論通常只注意／談及「生產力」對「生產關係」的制約／作用或「經濟基礎」對「上層建築」的影響，而沒有論及後兩者對社會變革與發展所產生的作用。生產力對生產關係、經濟基礎對上層建築的關係的爭論，其實是無意義的一件事，其實這二者係屬辯證的關係。

　　毛進一步指出，一般指的生產力與生產關係之間的作用方式，是指承平時期而言，然而在一定條件下的生產力與生產關係，像當時的中國，是在革命變革階段而非承平時期，不能再遵循傳統解釋來看待兩者。毛並非是一個上層建築決定論者，他只是反對用二元方式去看待社會歷史發展，更反對經濟決定論（一元論）、上層建築（一元論）的詮釋方式去分析社會歷史發展。文化、政治、經濟分別作為上層建築與經濟基礎的實體或範疇，在毛的思想裡，上下層的共同作用決定了社會歷史的發展，不是「一元決定」而是一種「多元決定」。

　　毛在《矛盾論》中認為，事物只要「存有」（存在），即會產生各種不同的「矛盾」（關係）。矛盾是存有的體現。矛盾是一種互動關係或是一種張力（tension）的存在。「矛盾」是無所不在的，因此才有生生不息的契機。人類社會發展至資本主義階段，當然存在結構性的矛盾，但是進入社會主義階段或共產主義階段仍存在著矛盾，只是矛盾的性質會轉換。

　　古典馬克思告訴我們矛盾來自於階級的分化與隨階級分化而來的剝削，人類進入社會主義階段後，公有制取代私有制，階級的分化消失之後，社會矛盾也會隨之消失。但是，毛澤東認為，社會主義階段依舊存在矛盾，只是這種矛盾是一種「非對抗性的矛盾」、「非階級間的矛盾」，但是這種矛盾如果處理不當，還是會導致對抗性的矛盾，非對抗性的矛盾可用教育與

說服，及「團結－批評－團結」的方式來避免其轉換或變質成對抗性矛盾，至於對抗性的矛盾則是必須要用暴力專政的方式去處理。毛澤東這種「矛盾不斷存在」的思想源自《矛盾論》，並且進一步發展成為「繼續革命論」。

毛澤東對生產力／生產關係、上層建築之間關係的看法，讓他認為中國可以藉由改變生產關係和上層建築的方式快速發展生產力，從而也導致了大躍進錯誤的悲劇。

大躍進的失敗，在主觀上，許多人是歸咎於毛澤東的民粹主義；有人認為毛澤東民粹主義引導下的唯意志論史觀，使毛錯估了人的主體能動性，錯估了中國大陸社會發展的現實。不過，在客觀上，大躍進之所以會失敗，最主要的有幾個因素：第一，中國大陸農村集體化過程已有一定程度，但中國並沒有足夠的人才來管理農村集體化。人民公社化運動，使小農經濟變成大農經濟，因此若缺乏全面性的管理人才，人民公社就會陷入無法操作的困境。第二，人民公社化運動代表毛要走具有毛澤東特色的社會主義道路，因此造成中蘇之間的結構性張力，八屆三中全會後，中蘇共關係開始緊張，一九六○年蘇共撤走對中國大陸的資金、技術和人才，對中國及毛澤東來說都是一種衝擊。第三，在一九五九年到六○年間，中國大陸天災頻繁，水患嚴重，讓中共在推動人民公社及大躍進的同時，增加了許多的變數與難度，爾後，毛也因此將大躍進的失敗歸於

天災與人禍。第四，大躍進的發展是在民粹主義的制約下進行的，強調浮面的人的熱情的重要性，虛報、浮誇風甚盛，使得大躍進的決策和進行，立基在一個虛幻、脆弱的基礎上。

總之，大躍進是失敗的，從一九五九年到六一年，中共統計資料顯示，中國大陸三年之中的經濟損失，達到一千兩百億人民幣，因為饑荒而非正常死亡和減少出生人口數，達四千萬人左右[8]。

一九五九年盧山會議，中共八屆八中全會，中共高層環繞著大躍進的負面效應，爆發了權力的張力。國防部長彭德懷批評「三面紅旗」中的浮誇風、人民公社實施的不當，及維繫黨群關係民主集中制的被破壞，彭德懷還批評中共犯了資產階級幻想症的錯誤。而彭德懷的批判，最後被毛認定為不但挑戰了毛本身的領導權威，更是嚴重的挑戰了中共黨的威信，彭因此被定位成中共建政以來，社會主義建設過程中，階級鬥爭的延續。

大躍進在一九六○年正式被放棄，在劉少奇與鄧小平的合作下，從一九六一年開始了大躍進的善後工作。一九六二年一、二月，中共為大躍進召開七千人大會，毛澤東被迫承認他對中國大陸的經濟建設，特別是生產力懂得不多；爾後，劉少奇、鄧小平接手大躍進的善後工作：劉、鄧在農村實行了三自一包——即自留地、自負盈虧、自由市場和包產到戶，對於人

民公社，只是加以改革而不是將其廢除；一九六二年中共發布了人民公社工作條例（俗稱農業六十條），和工業工作條例（工業四十條）來解決大躍進所帶來的生產失序的問題。

在農業條例中，最主要的是兩個部分：(1)人民公社體制的改變：讓人民公社由兩萬多個增加到七萬四千多個，也就是讓人民公社的涵蓋範圍縮小，比較容易管理；(2)建立家庭生產體制：工作條例中，將人民公社確定爲三級制，也就是人民公社、生產大隊、生產小隊。生產小隊大約有三十到四十戶農戶，成爲便於管理計算之行政單位。另外，在一九五九年中期到一九六〇年間，廣大農村饑荒，有些大陸農村農民爲了活下去，於六一至六二年間與農村幹部形成不成文的默契，建立以家庭爲單位的農村生產體制，也就是說，由農民農家與公家簽契約，農戶交足糧食後，其餘可自己留著，而這就是所謂的包產到戶。

但以家庭爲單位的農村生產單位，觸動了毛澤東的神經，並認爲以家庭爲單位的農村生產體制，會鼓勵資本主義傾向的復活，也就是會有滑向資本主義的危險，可能會造成中國社會主義大倒退。

在工業方面，劉鄧主導的中共，把大工程宣告中止與停止，遏止「一擁而上」搞運動方式的工業發展。同時，允許國有企業內部可以有物質激勵制的存在（這也是毛死後，中共經

濟改革的重要歷史參考座標），允許經理人員有相對自主的管理權。另外，建構嚴格的城鄉二元結構（工業四十條所確立），將國有企業由農村調來的職工全部遣返，嚴格限制農民向城市移民，也嚴格的規定國有企業要包辦職工的福利照顧，國有企業由經濟實體轉變爲社會實體，原本該由政府承擔的社會責任，變成由國有企業承擔。

劉少奇對大躍進的善後及調整成效非常明顯，到了一九六四年，毛覺得調整已經夠了，否則資本主義會再復甦。在一九六三到六五年間，毛對於以家庭爲單位的包產到戶政策屢屢表示不能接受，而且，他認爲調整政策出現嚴重負面效應：(1)城鄉差距擴大；(2)社會階級快速分化；(3)經濟調整有利於技術工人與技術官僚。這三點會使資本主義復辟，使社會出現高高在上的技術官僚階級；中國社會主義可能因此夭折或遭重挫。

爲了保證中國社會主義道路不會變質，在毛的主導下，中共於一九六二至六五年推動社會主義教育運動，在農村推動清政治、清經濟、清組織、清思想的「四清」運動，在城市則是推動反鋪張浪費、反投機、反貪污、反分散主義、反官僚主義的「五反」運動。但劉少奇、鄧小平害怕社會主義教育運動又會成爲民粹群眾運動，會使改革毀於一旦，因此認爲社會主義教育運動應該被控制，不要使其失控。毛澤東則因此認爲，劉少奇形左實右，認爲劉本身就是反社會主義教育運動。

　　毛雖然在七千人大會上承認錯誤，但此後毛只關心路線方向正確與否，對於政策作法，卻不是那麼的關心，毛對中共高層的期待，就是不能滑向資本主義，對其接班人也在乎其會不會滑向資本主義。毛澤東對劉少奇認知上的改變，隱含的是毛心中已經興起一股重新「淨化」黨內思想的想法，這也為後來文革的產生埋下了伏筆。

　　在這一段時間，由於中蘇共關係急劇惡化，並公開論戰，反修與防修成為中共意識形態操作中的主軸，而毛澤東主導「社會主義教育運動」，為的是防止或避免社會大眾與幹部滑向修正主義；毛澤東將政治與經濟領域運作的弊端，都視為是修正主義的表現；而在判定劉少奇「形左實右」後，則進一步認定，修正主義的重鎮其實是在黨內高層；因此，毛在一九六四年底中央工作會議就表明，其實反修與防修的鬥爭運動的重點是整黨內走資本主義的當權派；不過，當毛澤東的認知發展至此，就一發不可收拾的往左傾斜，從而認定，由上而下的鬥爭運動已不足以解決黨內當權派的修正主義問題，而必須通過以群眾運動為槓桿的革命來進行，這樣一來，「文化大革命」就成為無可避免的事情。

註釋

[1]王文珍，〈延安整風對馬克思主義中國化的推動作用〉，參見《毛澤東、鄧小平與馬克思主義中國化》，北京：中央文獻出版社，1999，頁153-157。

[2]李英明，《中國：向鄧後時代轉折》，台北：生智，1999，頁21-29。

[3]同註[2]，頁6-8。

[4]唐寶林主編，《馬克思主義在中國一百年》，安徽：安徽人民出版社，1997，頁210-212。

[5]李洪林，《中國思想運動史：一九四九到一九八九》，香港：天地圖書，1999，頁83-88。

[6]胡繩主編，《中國共產黨的七十年》，北京：中共黨史出版社，1991，頁405-406。

[7]關志鋼、曠昕，《中國十大歷史事件評說》，香港：三聯書店，2002，頁221-222。

[8]同註[7]，頁205-237。

第三章

鄧小平時代的中共政治情勢發展

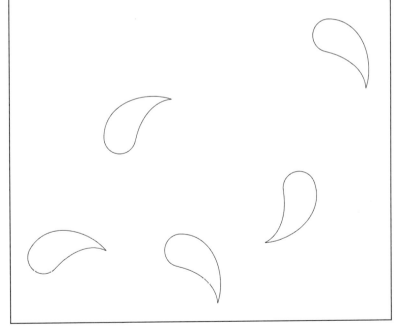

　　鄧小平時代所建立的國家／社會關係，是以「穩定壓倒一切」和「提高生產力」作為基礎訴求的，這種訴求是立基於對「八大」到「文革」這段時間中共政治發展的批判反思上，所以在鄧小平執政時，希望能重新走回「八大」的路線，走一條以列寧主義為基礎的國家組合主義的道路。文革的災難在某種意義上成為鄧小平得以創造屬於「鄧小平時代」的資產，文革的代價使中國大陸走出一條與蘇聯不同模式的道路，然而卻也使中共因此在後毛澤東時期沒有走上崩潰的道路。

一、後毛時代的情勢與鄧小平的上台

　　「八大」以後，原本該是中共穩步發展進入社會主義建設的時期，然而由於毛澤東錯估現實情勢與過度的強調人主體的力量，造成理想與實際執行上出現無可彌補的落差，也由此釀成了極大的災難。大躍進後，劉少奇出面善後，毛澤東退居到二線，引發了兩人之間的張力，一九六二年到一九六五年的「社會主義教育運動」（農村四清、城市五反），劉少奇與鄧小平認為社會主義運動應該在下列兩個前提下開展：一是必須在黨的控制下進行，二是不可影響正常的經濟活動。這兩個前提受到毛澤東及其擁護者批判為是「形左實右」，深化了毛對於階級鬥

爭擴大化、深層化的認知，毛認爲以階級鬥爭作爲載體，對抗性敵我矛盾不只存在社會大眾之中，更存在於黨內高層，無法再靠教育運動解決，必須向上提升，徹底改變上層建築，這使得「文革」的出現成爲不可避免的歷史悲劇。

文革是由六五年吳含的《海瑞罷官》遭到批判揭開序幕的，而毛澤東在一九六六年五月十六日以中央委員會的名義發出了所謂的「五一六通知」，正式宣告階級鬥爭必須針對已滲透到黨、政、軍高層的反革命修正主義，因爲其企圖推翻無產階級專政使資本主義復辟。中共八屆十一中全會通過「十六點決定」使其更具體化。一九六七年一月，一個類似巴黎公社組織的「上海公社」宣布成立，並且以「全面奪權」作爲其主要號召，但是毛澤東拒絕讓這種組織成爲文革的主體，從而在一九六七至一九六八年推動各省成立「革命委員會」──一個結合「革命性的群眾領袖」、「革命性的黨政領導」和「人民解放軍的各地領導」的「三合一」組織──以替代既有的黨組織。

不過，在這裡，我們必須先認知到：

1. 文革的出現的因素，背後牽扯的是一套極其複雜的歷史問題，絕非可以單純的從兩條路線、權力鬥爭或以簡單的派系政治途徑來化約解釋的。

2. 文革雖然被認知爲一個狂亂的年代，然而在此之中制度

主義和個人的理性選擇的作用其實依然存在，換言之，在這個看似「集體瘋狂」的年代，背後的表現仍反映了制度主義和理性選擇下的結果。

文革的發展可以中共一九六九年召開的「九大」作為重要分水嶺，代表毛澤東與紅衛兵運動的關係產生結構性的變化。一方面是因為毛澤東原先規劃的文革時間已經到達尾聲（毛曾在一九六七年提到希望三年結束文革的希望），另一個原因則是由於中蘇共爆發邊界衝突的「珍寶島事件」，使得原已走向交惡的中蘇共關係降至冰點，也使得毛澤東更加強烈的興起了以恢復秩序為主的念頭。再加上「九大」之後，毛澤東發現林彪集團這一個新的威脅勢力已然形成且如芒刺在背，這是由於林彪藉由在文革中整肅異己的過程中讓自己的政治地位與資源迅速擴充，使得毛與這位一向視之為「最忠實的夥伴」的關係產生了微妙的變化，「九大」在黨章中宣告林彪作為毛澤東的繼承人，這使毛澤東與林彪之間產生了某種程度的張力，因為林彪在軍中的地位和影響力僅次於毛澤東，而「九大」又在制度上確立了林彪的儲君身分，這使得林彪成為一向強調「黨指揮槍」的毛澤東心中的最大顧忌，甚至可以說是心腹之患，在這種緊張關係下，終於發生了一九七一年的「九一三事件」，林彪叛逃而死。林彪事件後，解放軍的角色和權力也受到調整，「黨指

揮槍」的架構再次成為中共政治體制上的規範。「九大」後，中共恢復了省一級結構的黨組織，代表毛在「九大」後已經打算放棄了由下而上的群眾組織，而希望將整個政治體制的運行重新回到黨的控制下，林彪事件的產生，讓毛更堅定此一信念。

一九七三年，中共召開「十大」，一些文革時期受整肅的領導幹部重回政治檯面上，鄧小平因此復出，鄧的復出代表文革結構性的轉變，因為此時的政治情勢已經轉換成以江青為首的「四人幫」（或稱宮廷派）和周恩來之間的鬥爭，而周恩來掌國務院，鄧的職位為國務院副總理，基於毛的信任，鄧在一九七四年至一九七五年實際主持政府的工作。鄧的復出，與毛澤東欲以其取代周恩來，以及穩住文革陣腳有關[1]。

不過，一九七三年毛澤東讓鄧小平復出，雖然是欲以其取代周恩來，但另一方面，鄧小平的復出卻很微妙的代表對周恩來路線的繼承。

一九七五年，中共高層掀起了關於「四個現代化」的論戰，四個現代化是指國防、科技、工業、農業的現代化發展，周恩來在當年初宣示了「四個現代化」的政策，但受到四人幫的批判，雙方掀起了意識形態上的論戰，姚文元就曾經批判這是搞「資產階級法權」、是「資本主義復辟」，然而弔詭的是在一九七五年初的「四屆人大」中共卻形成了一個相當脆弱的政

治聯盟，硬是讓周恩來、鄧小平與四人幫這兩個政策路線與行事風格都大相逕庭的力量結合在一起，由周恩來和鄧小平負責經濟計畫和軍事，四人幫則負責教育和文化。

一九七六在中共政壇上可以說是雲波詭譎的一年，也是中共黨史上世代交替的一年，一月周恩來逝世，爆發了「天安門事件」，四月鄧下台，代表毛澤東並不放心鄧，然而毛也不放心江青等四人幫，所以用華國鋒來接替周恩來的遺缺。然而到了九月，毛澤東終於也逃不過死神的召喚，毛澤東一死，華國鋒先發制人，十月四人幫被逮捕，中共政壇開始新一波的政治鬥爭，只不過鬥爭的主角由文革時代的周、鄧與四人幫轉變成華國鋒與鄧小平。

鄧小平的經歷使其與解放軍將領關係良好，特別是他在一九三八年接任一二九師政委一職，負責軍中的思想工作後，更使他攀上軍人生涯的高峰，這支由劉伯承、鄧小平所領導的「劉鄧大軍」，在往後的中共戰史中發揮一定的作用力，也奠定了鄧小平在軍隊中的地位，中共所津津樂道的三大戰役中的「徐蚌戰役」（淮海戰役）就是鄧小平的戰功之一，這段軍事工作的經驗，讓鄧小平成為解放軍心目中服從的領導，這也是出身白區、沒有戰功的劉少奇難以望其項背之處。也因此，當鄧小平一九七六年被放逐到南方後，由於解放軍將領許世友、葉劍英等人的庇護，使得鄧免於受到四人幫的迫害。

　　鄧的軍事資歷相對於華國鋒更是不可同日而語，華國鋒可以順利的發動「十六政變」逮捕四人幫，雖說是靠了解放軍的力量，然則華國鋒本人與軍隊全無淵源，全靠老帥葉劍英的幫忙，華國鋒本人之所以可以坐上中共中央領導的位置，憑藉的是毛澤東的拔擢與信任，其在黨內聲望與功績並不顯著，權力基礎十分薄弱，處境也十分尷尬。在這種情況下，華國鋒一方面企圖通過與葉劍英妥協，以「尊葉」的方式驅使葉劍英作為其現實權力的護身符，另一方面則又想通過毛澤東的遺緒，走出一條「沒有毛澤東的毛主義」道路以作為自身權力正當性的基礎，並面對種種質疑或挑戰其權力合法性來源的聲浪，這一方面他靠的是號稱毛澤東時代「內務總管」汪東興的幫忙。為了向人民確立他的地位正當性，也為了壓制一切反毛主義的聲音，華國鋒於一九七七年二月七日通過「兩報一刊」（《人民日報》、《解放軍報》、《紅旗雜誌》）發表一篇名為〈學好文件抓好綱〉的文章，提出了「兩個凡是」（凡是毛主席做出的決策，我們都堅決擁護；凡是毛主席的指示，我們都始終不渝地遵循），企圖使群眾對毛澤東的支持可以順利的轉移到他的身上。

　　然而雖然華國鋒當時身兼黨中央主席、軍委會主席以及國務院總理等大權於一身，但沒有豐功偉業的他卻很難真正樹立自己的權威，所以華國鋒內心十分畏懼鄧小平，不斷的藉由各種場合批鄧和反鄧，然而形勢比人強，要求鄧小平復出的聲浪

仍是一日強過一日。所以一九七七年七月，中共「十屆十中全會」召開，會中的氣氛使得華國鋒不得不恢復鄧小平的一切職位，這是鄧小平的第三次復出。一九七七年八月，十一大召開，華提出「四個現代化」的訴求，然而這種訴求的本身其實仍不脫文革時期周、鄧對中共未來發展的影子，此時的鄧小平保持低調，只說要「多做事，少談空話」，然而其實已經開始醞釀「以實踐檢驗真理」的訴求主軸。「十一大」選出二百零一位中央委員，其中有七十六位是文革時期被整肅者，這種形勢發展強化了鄧的權力基礎。而相對的，「十一大」後華國鋒卻被迫必須整肅極左勢力，嚴重削弱了其權力基礎。

　　鄧小平與華國鋒爭奪意識形態上的主導權，鄧是用盡苦心的，他批判華國鋒提出的「兩個凡是」是不瞭解毛澤東思想為何物，把毛澤東思想的個別論斷部分當成基本原理原則，因此是犯了知識論和方法論上的錯誤，是對毛澤東思想理解不清所產生的錯誤。鄧小平將其與華國鋒對意識形態領導權的爭奪控制在方法論和知識論的水平上，不讓其無限上綱，因為怕會動搖中共政權執政的根本與正當性，這與當時毛澤東在延安時期整肅國際派的手法如出一轍。當時的毛澤東將對國際派的質疑與指責定位成是在理解馬克思主義時犯了方法論和認識論上的錯誤，不讓馬克思主義本身的權威遭到挑戰或受動搖。

　　鄧小平通過毛澤東在三〇年代所提出的《實踐論》，一方面

批判文化大革命的政策作為是違背毛澤東的實踐論，另一方面也批判華國鋒的兩個凡是背叛／違背了毛澤東《實踐論》的根本精神，鄧巧妙的將實踐論塑造成是毛澤東思想的基本核心，這也隱約透露出，以鄧小平為主的力量，準備批判毛澤東的晚年思想。將毛澤東分成「早年毛澤東」和「晚年毛澤東」，藉由區分這兩個階段來為毛澤東做出歷史功過定位。

一九七八年三月十八日，中共召開「全國科技大會」，鄧小平在開幕式上的講話，可以歸結出兩個要點：(1)把科技看成生產力，科技應是中立的，不能是政治的工具；(2)把知識份子納入勞動階級，成為符合社會主義邏輯的範疇。這兩個要點可以視為是中共對知識份子釋出善意的表現，去除知識份子在「紅」、「專」與「腦」、「體」之間的矛盾，鄧用這兩個新的詮釋觀點來網羅知識份子的心，也使知識份子願意進入鄧的聯盟網絡之中[2]。

一九七八年年底的十一屆三中全會總結了鄧華的鬥爭，確立了鄧小平的意識形態主導權，而鄧則進一步企圖在這個基礎上通過評價毛的歷史功過來確立其歷史的解釋權。此外，十一屆三中全會把中共的總路線扭轉，生產力中心論取代了階級鬥爭論成為中共意識形態核心部分的主體內容，而其細部的重建工作在十一屆三中全會後才開始進行。

二、鄧小平與民主運動／知識份子的關係

一九七八年底到一九七九年初，北京上海等地掀起一股自發的群眾性民主運動，這股後來被稱為「北京之春」的力量雖然只出現短短的時間，但是在中共黨史上卻有其一定的意義，尤其是在華、鄧交鋒的過程裡，民主運動更為鄧扳倒華提供了推波助瀾之力，可以說，民主運動的興起，相當程度是鄧小平對付華國鋒的一項有用武器，然而當鄧大權在握之後，民主運動又成為鄧不得不去除的一股力量。

民主運動剛起時，鄧將其當成是政治聯盟的籌碼，以便對華國鋒構成結構性的壓力。所以我們或許可以認為，鄧在一定程度上扮演民主運動的「推手」或至少是「默許者」的角色。然而「十一屆三中全會」後，大陸政治型態轉變，鄧掌握了意識形態的主導權及相當程度的權力基礎，確定了他的政治地位，此時，原來是聯盟力量的民主運動反而成了鄧發展權威的阻礙，但是民運人士並不警覺，仍然對鄧抱持相當期待，高估鄧對民主改革的企圖心，不斷的挑戰鄧或中共的底線，這種「昧於現實情勢」的作法，也預告了民主運動的失敗。

民主運動後來也與「懲越戰爭」扯上關係，中共與美國於

一九七九年一月一日正式建交，鄧小平也於一月份訪美，二月份鄧回國不久即發動「懲越戰爭」，這是因為中共認為越南有和蘇聯要進一步結合的態勢，同時鄧也想藉由越南戰爭對美國表示友好，然而隨著懲越戰爭的不如預期發展，民主運動中出現了責備懲越戰爭的大字報，說是浪費國力，並且將鄧批評為新的獨裁者。此舉觸怒了鄧小平，認為這種作法是挑戰了中共的統治和領導權威。一九七九年三月中以後，鄧開始批判民主運動，並於三十日在中央理論工作務虛會議後宣示「堅持四項基本原則」，這也成為日後中共處理民主運動的準則。魏京生在幾乎同時以類似通敵的罪名被捕，中共對民主運動的鎮壓於焉開始。

　　一九七九年四月是一九七六年的「天安門事件」發生三週年，中共藉由此時機將「天安門事件」重新解釋／定義為由上至下中共所領導的事件。中共展開對民主運動的鎮壓，其實已經很明白顯示，中共不允許人民自發性的民主運動。而鄧小平則企圖根據列寧主義要求重建政治權威與社會秩序，這基本上迎合了後文革的大陸群眾的集體社會心理，大陸民眾經歷文革的民粹主義時代，心理上產生怕變、怕亂的心理，民主運動的急風驟雨式的訴求，讓後文革時期的民眾難以接受，從而使得民主運動缺乏廣大群眾的基礎。

　　一九七九年底西單民主牆被封閉是民主運動遭到進一步壓

制的一個重要指標,西單民主牆是民主運動與社會力量結合的中介橋樑。民主運動原本只有知識份子參與,後來加入許多文革時期下放返回的軍人、退伍軍人、農民等的參與,甚至農民被組織起來去抗議,地下刊物、準政治組織的出現都越過了中共權威的範圍,民主運動複雜化,成為政治反抗運動,並向南北擴散入大學院校。中共不只突出指稱西單民主牆和民主運動破壞了社會秩序及公共安全,並抓緊人民害怕重蹈文革時期動亂的心理,藉此強化一般人對民主運動可能釀成動亂的反感。

一九八○年一月十六日,鄧小平在中共中央工作會議上宣示中國共產黨的領導是四項基本堅持的核心,並將民主運動定義為無政府主義的反革命運動,並主張廢除一九七五年憲法規定的人民四大權利:大鳴、大放、大字報、大辯論及罷工示威的權利。一九八○年八月,中共「五屆人大」正式修改憲法廢除上述人民權利。「五屆人大」召開後,中共對民運人士展開大逮捕,積極鎮壓民主運動。然而,民主運動卻未因而就此全面偃旗息鼓,一九八○年年底,中共首次出現人大代表之開放性選舉,出現了令中共意料之外的結果,在北京大學、湖南師範大學的民主運動激進份子的幾個年輕人竟然當選了人大代表。

從八○年開始,中共展開對民主運動嚴厲的理論批判,認為民主運動中提出的「多黨制度」是企圖使資產階級專政,並

提出了以列寧主義爲基礎的統合主義／組合主義的理論來批判民主運動要求的多黨制度，強調中共走的是中國共產黨領導下的「多黨合作」體制。另外，也批判了工人自治管理的主張，因爲許多大字報以馬克思巴黎公社及南斯拉夫工人自治管理的經驗作爲訴求，這嚴重挑戰了中國共產黨領導的基本原則。中共認爲經濟改革當然要擴大企業的自主性，但絕不能偏離中國共產黨領導的基本原則。

　　七九到八〇年間中共在文藝界和思想界也展開平反，摘掉許多文革時期被整肅的知識份子和藝文工作者的帽子，其具體表現如下：

1. 七九年開始，中共開始讓文藝界和學術界的知識份子紛紛復出，擔任重要工作，像是周揚、胡繩等人。
2. 在七九、八〇年平反黨史上許多代表性政治人物之名聲，包括劉少奇、薄一波、瞿秋白等人。
3. 七九到八〇年，中共也拿掉地主、富農和資產階級這些標籤。

　　鄧小平是從反左的邏輯去反右，他深怕民主運動延伸發展成容易造成政治和社會動盪的群眾狂飆運動，而鄧小平於一九八〇年八月二十八日中共政治局擴大會議上所發表的「黨和國家領導制度的改革」講話，在反思文革的基礎上，批判了家父

長制統治體制的政治弊端,為企圖重建列寧主義式的黨政體制奠立基礎。鄧小平的這個講話,後來成為討論中共政治改革的重要依據,甚至還經常被過度期待或延伸成為具有自由主義的色彩和意涵。

基於自身於文革時期受迫害的經歷,鄧小平自然從反左的邏輯來談政治改革,從反左的角度去進行文藝思想的解放,甚至於平反許多政治人物,去摘掉地主、富農和資產階級的標籤,而這些基本上都為後毛澤東時代的經濟改革及現代化建設,創造廣泛的政治及社會基礎。鄧小平並不會擔心從文藝思想界解放出來的知識份子會和民主運動的青年合流,其理由一方面是因為被整肅者當初為既得利益者,在文革時期雖然被整肅,然而平反後回到體制內又成為現存體制內的既得利益者,所以他們不會放棄自己的身分地位和民主運動人士相結合。事實也顯示,民主運動之主張,很多都被這些被平反的文藝思想界人士認為是不切實際的主張。

而且,改革伊始,鄧小平及中共迫切需要這些被平反的思想文藝界知識份子的投入和支持,並加入此行列,故中共和這些知識份子彼此相互迎合對方的需求與期待,自然一拍即合。另外,鄧小平還有另一層考量,即是對民主運動的制約。因為鄧主導下的文藝思想界的平反,為其又創造了另一股政治聯盟的力量,這股力量一方面可成為即將展開的經濟改革及現代化

建設的中堅支持力量，另一方面，又可以將此力量拿來對抗民主運動，藉由這些老知識份子的言論意見來壓制民主運動的論述。

　　民主運動之所以很快被中共壓制的一個很大原因，就如前述，是由於人民基於怕亂怕變心理而產生「政治冷漠」的緣故。而八○年代以來，通過經濟改革，在鄧小平主導下，中共也不斷的宣揚「生產力中心主義」、工業主義、消費主義的訴求，其目的是爲了使民眾在生活上「去（非）政治化」，讓民眾的政治冷漠獲得「合理化」的轉折投射。社會大眾恐懼重蹈文革般的翻天覆地的大變革，對社會大眾而言，只要在現實中可以過著「非政治化」、「去政治化」的平靜生活，就已經心滿意足了。社會大眾這種害怕動亂以及害怕重蹈文革覆徹的心理，牢牢的被鄧小平及中共所掌握，使得民主運動缺乏廣泛的社會基礎。所以民主運動的受到鎮壓乃至雲淡風清成爲歷史的雲泥，其實是後文革時期社會大眾政治冷漠集體心理制約下的結果。

　　不過，鄧小平在一九八二年「十二大」後就儘量避談文革及對文革的批判。在鄧小平的認知裡，文革最大的衝擊是使中共喪失了實行列寧主義的機會。這也是他與民主運動人士的重要分歧所在。有些民主運動人士認爲，文化大革命錯在背離了毛思想原先帶有理想色彩的「平均主義」路線，從而要求在後

文革時期應該要全力以赴的去實踐體現平均主義的社會主義道路。而鄧小平則希望在後毛時代，通過落實列寧主義重建中共權威。

民主運動之所以受到鎮壓，除了中國大陸內部結構的問題外，其實還受到國際因素的影響。一九八○年，波蘭也爆發了大規模的民主運動，波蘭團結工聯運動正如火如荼的展開。波蘭的團結工聯運動撼動國際視聽，卻也在無意中使中共面臨一個十分尷尬的局面。一方面，中共認為，波蘭民主運動是對蘇聯霸權的一次重大挑戰；但另一方面，中共非常害怕波蘭事件對中國大陸內部起了示範性效應。另外，一九八○年年底地方人大的選舉，這是中共第一次由基層試辦選舉，竟然讓民主運動人士當選，這也使得中共起了警惕之心，中共察覺到民主運動人士也懂得從地方基層選舉來擴大自己的權力基礎，增加自己的政治與社會影響力。

我們必須理解，事實上當時中國大陸的民主運動，所追求的並不是西方自由主義所追求的民主，而是一種源自於文革苦難經驗所衍生出來的對民主的渴求，這種民主的認知是一種源自社會主義思維下所產生的民主概念，是一種「社會主義民主」，我們不能直覺式的便將其等同於西方的「自由主義民主」，而必須回到歷史脈絡與具體現實中去看待民主運動的興起與訴求，中國大陸的民主運動背後的民主理論／論述是基於人

民自身生活經驗所產生的「社會主義民主概念」，而非西方的「自由主義民主理論」。另外，鄧小平與民主運動在思想上的決裂，是由於鄧是一個通過列寧主義來看待「民主」的人，其對民主的認知是建立在列寧主義的基礎上的，而這也就注定了追求「社會主義民主」的民主運動和以追求列寧主義式權威的鄧小平必然分道揚鑣。因為社會主義民主和列寧主義之間是充滿張力的，民主運動人士要的是從文革的災難中解放出來後得以過渡到人的解放／自我的解放，而不是回到列寧主義的束縛裡，這就與以列寧主義重建中共政治權威的鄧小平有著截然不同的思維。

所以基本上，鄧小平與民主運動人士對中共未來何去何從的思維是不同的，鄧小平要走以列寧主義為基礎的統合（組合）主義的路，而非社會主義民主的道路。

中共的「左」、「右」定義在黨史的發展上是相當耐人尋味的。在中共的建政歷史中，一九五○年代末期到文革結束這一段期間被定義成主要是「左」的路線當道。然而有趣的是，「四人幫」在一開始被逮捕的時候，罪名是「極右」，而到了十一屆三中全會之後，罪名卻改為犯了「極左」的錯誤。

鄧小平在前述於一九八○年八月十八日的有關政治體制改革的講話，雖然是以「反左」為基調，但鄧小平也有意為中共在文革時所犯「左」的錯誤解套，因此鄧把文革中所犯「左」

的錯誤歸結到為中國封建傳統的制約，而不繼續把錯誤歸到林彪、四人幫，因為如果順著原來對林彪和四人幫的批判邏輯來定位文革的話，人們就可以質問，林彪、四人幫畢竟是在中共體制內存在和犯錯的，這將會嚴重的斷傷中共的領導權威甚至是政權正當性，所以鄧必須將造成文革錯誤的原因往回溯，將其說成是受到「中國封建傳統制約」下的結果，這其實是為了維護中共在後毛澤東時代政權正當性所苦心設想的論述方式。這種官方說法當然受到許多知識份子的質疑與批判，知識份子在一九八二年提出的「社會主義異化論」，認為「極左」的產生是由於中共背離馬克思主義，從而使得大陸人民非但無法獲得解放和自由，反而遭受種種的宰制和壓迫，這是一種社會主義異化的表現，這種說法衝擊了中國共產黨統治的合法性與正當性，自然受到中共官方的駁斥與鎮壓，乃有「清除精神污染」運動的出現。

自十一屆三中全會到十一屆五中全會，鄧努力的清除華國鋒的勢力，不僅因為華、鄧之間的權力問題，還因為反左最主要的是必須處理華國鋒問題。雖然自一九七七年以來，中共就開始進行「反左」，但鄧對華國鋒的處理方式是採溫和漸進式的。一九八○年召開的「十一屆五中全會」，讓華國鋒集團勢力的主要份子如汪東興、陳錫聯等人退出政治舞台，同時恢復書記處並且以胡耀邦擔任總書記，平反劉少奇、薄一波等大老，

顯示華國鋒的勢力已經全然被架空。到了十一屆六中全會，華國鋒被迫辭去黨主席職位，至「十二大」，華國鋒就淡出政治舞台；因此「十二大」後宣告一個鄧小平時代的真正來臨。

三、毛澤東歷史功過與思想定位的處理

處理華國鋒問題或許不難，但是再接下來要處理的是毛澤東的歷史定位問題，這可就是一個難題了，這個問題之所以棘手，在於因為毛澤東在中共黨內的歷史地位之高無人能出其右，他兼具有蘇聯歷史中列寧和史達林的角色，既是一個理論建構者、政權創立者，也是在革命建政後擁有最高權位以及絕對權威的魅力型領袖。因此，中共無法使用類似一九五六年赫魯雪夫以列寧的理論路線來批判史達林的作法，因為中共在毛澤東之前並無一個像列寧一樣具有絕對歷史地位的人物存在，如果全盤否定毛澤東，可能會危及中共統治的正當性，衝擊中共革命的道德性基礎。

中共在一九八一年的「十一屆六中全會」中對毛澤東的功過做出評價，在鄧小平的主導下，會議中通過〈關於建國以來黨的若干歷史問題的決議〉，將毛澤東區隔成「早年毛澤東」與「晚年毛澤東」，「早年」指的是一九五八年之前的毛澤東，這

時期的毛如同列寧一樣，走了正確的革命路線，「晚年」則是指一九五八年之後，毛澤東開始昧於現實情勢而犯了極左的錯誤，就如同史達林一般。晚年的毛破壞了自己早年所走的路線方向，然而這並無損於早年的毛作爲一個偉大的理論家、革命家與領導者的定位，按照此邏輯，會議中並區隔「毛澤東思想」與「毛澤東的思想」，把「毛澤東思想」定位成中國共產黨集體智慧的結晶，是革命實踐下的智慧產物，不同於毛澤東個人的思想。早年的毛澤東在中共的黨史和意識形態上具有不可撼動的地位，而晚年的毛澤東則是需要接受批判與揚棄的。中共不敢全面否定毛澤東也反映在評價毛澤東在文革中的歷史責任問題，決議文中只認定毛澤東在文革「犯了錯」，但卻認定四人幫在文革中「犯了罪」。

毛澤東思想之所以被定義成「集體智慧結晶」，最主要有兩個目的：一是確立中共領導是集體領導，使任何人不能挾毛澤東思想以自重，將毛思想當成是政治鬥爭或整肅異己的工具。讓毛思想成爲中共黨內的公共財，讓其圖騰化、神格化成爲崇高的集體象徵，不再捲入政治鬥爭之中或淪爲鬥爭的工具。另一個目的則是劃分「毛的思想」與「毛思想」，使得後來的領導人在意識形態的建構上不必再亦步亦趨的跟隨毛澤東的腳步，不必再從具體的毛著作、講話中引經據典的去詮釋／闡述，而可以使領導人相對較爲容易可以將自己的看法立場說成是對作

為集體智慧結晶的毛澤東思想的發展，從而穩固領導人的地位、角色，而不會再有是否遵循「絕對正統」毛思想的問題產生。

要理解鄧小平何以可以通過一套邏輯將毛澤東的歷史功過「三七開」或是區分成「早年」和「晚年」兩部分，這就必須回溯中共黨史，毛澤東在延安整風時期提出「馬克思主義中國化」，用來批判國際派的教條主義、本本主義和主觀主義，並藉此建構中共意識形態，毛澤東對意識形態的建構工程，對往後中共在處理意識形態的問題上，塑造一個通則化的典範[3]：

第一，將意識形態的鬥爭，控制在方法論和認識論水平上，避免無限上綱，衝擊中共所賴以建立正當性的馬克思主義的權威。

第二，將馬克思主義分為基本原理（核心）和個別論斷（外圍）兩部分。前者包括以歷史唯物論為主軸的世界觀和歷史觀，是可以跨越時空，放諸四海皆準的原理原則，後者是以馬克思主義的基本原理原則為基礎，對具體社會歷史情境中的問題或現象所做的判斷和看法。

毛澤東認為馬克思主義分為內層的「核心」（core）和外部的「實踐」（practical）兩大部分，他批評國際派不瞭解這種二元結構，認為國際派將個別論斷提升到基本原理的位階，而當成普遍的原理原則，因此馬克思主義到中國後，核心部分仍可

以適用，但外圍實踐的部分應被揚棄，且加以篩選，要通過中國具體的社會歷史情境而被過濾。毛澤東想要透過延安整風，讓黨員承認馬克思主義的個別論斷對中國的有效性必須建立在根據中國具體國情所做出的實踐行為上，而不是全盤照搬。講得白一點，毛澤東企圖以馬克思主義的世界觀、歷史觀，通過實用原則去揚棄、篩選馬克思主義個別論斷的適用性。

鄧小平在與華國鋒爭奪意識形態主導權的同時，也將毛澤東思想分為基本原理和個別論斷兩大部分，前者是以毛澤東的《矛盾論》、《實踐論》為基礎的世界觀、歷史觀，後者是毛澤東在特定時空下針對特定問題或事件的判斷和看法。他認為華國鋒亦犯了不知毛思想有二元結構存在，以及將個別論斷當成基本原理原則的錯誤。在鄧小平的看法，在毛後時代，中共繼承的意識形態內容有：

1. 馬克思主義的基本原理──核心部分。
2. 毛思想的基本原理──核心部分。
3. 外圍的實踐部分──包括毛澤東被認定為正確的個別論斷，和以核心部分為基礎所形成的毛後時期的路線和政策。

「十一屆六中全會」在毛後時代中共意識形態的發展過程是一個十分重要的分界點，因為它定位了毛澤東的歷史地位與功

過，「毛澤東思想」變成一個集體智慧的結晶，「毛澤東的思想」成為個別的論斷。「毛澤東的思想」不再作為政治統治正當性的基礎，「六中全會」正式捨棄毛澤東在大躍進和文化大革命「錯誤」的個別論斷，但同時又經由「毛澤東思想」，重建中共意識形態的結構內容，作為毛後時代中共政治統治的正當性基礎。而毛澤東思想被界定為集體智慧的結晶，即是讓毛思想圖騰化／儀式化，從而與實際政治運作失去直接聯結關係。

　　「十一屆六中全會」透露出非常強烈的「政治還原主義」的氣息，強調改革是通過銜接原來八大的正確路線作為起點。而還原八大路線，也就使改革具有歷史根據及合理性。

四、鄧小平與國家組合主義的政治體制　發展

　　鄧小平一生中從未參與顯著的政治運動，他的地位與實力是通過黨政的歷練與經驗而積累出來的，正因為如此，鄧小平的經歷使他可以被視為是一個制度主義的化身。不過，鄧理解制度主義是通過列寧主義來進行的，而鄧小平對列寧主義的理解，相當程度是通過其生命經歷和劉少奇的著作來進行的。鄧在一九七八年以後宣示將中共的政治運作模式由毛澤東式的民粹主義轉向制度主義，是因為鄧深信毛後時代中國大陸必須要

走回制度主義的方向，使政治運作正常化，才能維繫政治的穩定與長治久安，而他的生命經歷，也使得他對制度主義的服膺顯得更具說服力。

在列寧主義的格局架構中，其實具有組合主義的色彩，因爲其強調工人或農民組織可以扮演中介組織的角色，以作爲國家與社會之間溝通的介面和輸送帶，這種輸送帶的作用主要有兩個：一個是動員工農群眾，用來體現國家／社會集體的意識和社會主義的目標，另一個則是體現集體工農群眾的利益和意見，匯集社會意見，將社會的意見由下往上傳遞。

以工農組織作爲國家與社會中介的這條路線稱之爲「工農路線」，中共在建政初期也因循這種國家／社會互動模式，一九四九至一九五六年中共走的是一條「國家組合主義」的道路，然而在大躍進和文革時期這條路線遭到重挫，因爲毛澤東企圖擺脫蘇聯的制約而走一條與蘇聯不同的道路，走民粹主義的道路，希望國家社會化、社會群眾化。在毛死後，中共又重新思考要再一次走國家組合主義路線。然而在經歷了文革的浩劫之後，中共必須面對兩個問題，首先要面對的便是黨的組織機器和權威必須重建以及如何重建的問題。而這其中就涉及如何通過中介組織來協調完善黨國機器和社會之間的關係。其次要面對的是如何調整政治和經濟及社會的關係，不只要放鬆國家對社會的操控，也要讓政治領域和經濟領域區隔開來，取消在蘇

聯模式下的「經濟從屬於政治」、「社會從屬於國家」的現象。一方面，中共希望維持政治對經濟和國家對社會的主導權，但另一方面又希望經濟相對於政治、社會相對於國家能具有一定的自主性。於是，一種毛後時代的新權威主義—國家組合主義的建構就變成非常迫切必要。

　　中共的新權威主義路線，在質的方面產生一種根本的結構性變化，即走上一種「技術主義」或「泰勒主義」的道路，強調技術專家相對員工的優位性，並且認為在政治權力和意識形態操作上，專家相對一般群眾、員工也應具有優位性，即使他們的階級屬性仍受到爭論。中共之所以走上技術主義、泰勒主義的道路，是因為它企圖以資本家和知識份子作為國家與社會的中介，去完善國家對社會的統治，以及政治對經濟的主導權。

　　或許我們可以認為，只要走國家組合主義道路，都會重視國家與社會間的中介組織，這也就提供了市民社會出現的客觀環境。然而事實上，中國大陸內部在後毛時期形成的中介組織和中國大陸是否存在自發自在的市民社會間並沒有太大的關係，因為不少中介組織並不是社會自發的產生，而是在中共主導下形成的。因此我們不能藉由這些中介組織的出現，就直接認為中國大陸在經歷改革後便會促成市民社會的興起與發展，這是一種對中國大陸現實情況不瞭解所產生的誤解與迷思。中

國大陸這些中介組織雖然可以在行動上要求國家給予相對的自主性，但仍必須在國家的主導下運作，因為這些中介組織出現的主要作用是要讓國家和社會之間存在一個折衝協調的中間地帶，避免國家與社會兩者直接發生衝突，這種中介團體的產生基本上是在國家主義的觀念下被落實的，這與西方由自由主義觀念下所認知的市民社會存在著差異。

中共培養國家與社會間中介組織的實際操作，最明顯的作法，便是藉由把八大黨派納入以中共為主體的政治系統中，來證成中共的統治地位，使八大黨派成為參政黨，而非反對黨，讓這些團體組織成為與執政黨處於同一象限的參政團體組織，而非對立面的反對團體組織。所以，八大黨派在中共的統一戰線操作下，已納入中共政治組合主義中，而中共建政後更通過「政協」將之確立起來。另外中共的「人大」制度中也隱含一定程度的國家組合主義。

以下我們必須簡單的說明這些以國家組合主義作為載體的中介團體在中共政治體制中所具有的角色：

工商界的中介組織

改革開放後工商領域的中介組織地位也愈形重要，如「全國工商聯合代表會」，是一個代表私營企業主的組織，在政協內已取得與其他黨派相同的地位，另外「全國貿易聯合會」也是另一個重要的中介組織，內部成員也是以企業主、技術專家等

知識份子為組合的組織。此外，中共也把一些與經濟工商業相關聯的部、委組織改為聯合會組織，使其脫離國家官僚體制，即把其原具有的準官僚角色往中介組織角色傾斜。

人民代表大會

後毛時代擴大八大民主黨派地位的情形也反映在人大結構和角色的變化上，從八○年代開始，中共一方面排斥「人大」的完全自由化和民主化，另一方面卻不斷擴大「人大」的理性化和包容度，「理性化」是指「人大」在法律制定、通過上，一定要遵照一定程序和制度化的流程；「包容度」則是通過「人大」代表徵召的多元化，藉以擴大中共的政治結盟和統治基礎，「人大」在「理性化」和「包容度」的具體作法為：

1. 增強人大常委會的功能和角色，而且對其實際操作的過程給予更多規則化的規定，減少人為干涉／作用的可能。

2. 增加人大專業委員會的設置和功能，而且允許更多的技術專家進入其中。

3. 規定人大常委會進行的法案審查，要按照一定的規則流程。

4. 允許人大檢討現有的法律、法案，並且要按照一定程序對現實政策進行批評。

5.人大代表可以允許非社會主義的專業人士，甚至富農代表的存在。這顯示中共在「人大」成員份子的組成上比以往更具包容力，同時也代表來自不同階層的聲音受到了重視。

6.允許人大在法案制定、提案過程，可以進行一定討論的流程，並且可以請相關人員列席，進行對話、討論。

人大在「理性化」和「包容度」上的表現，使它的發展愈來愈具有自主性，也因此，九○年代的人大才能逐漸擺脫「橡皮圖章」的標誌，在幾個強勢領導人的主持下，走出不同以往的風格，在政治上的地位也愈來愈重要。

毛後時代在新權威主義主導下，技術專家和知識份子已成為中國大陸政治經濟的主體，由於他們對工農群體的角色抱持懷疑的態度，在相當程度上其實並不願見到多黨制的運作，因為農民占中國大陸人口的多數，在多黨制的運作下，農民將成為政治運作的主體。因此在後文革的國家組合主義下，社會階層重新分化對立，中共政體和國體被迫正產生微妙的變化，社會中新興的中介團體希望以國家為導向的國家組合主義，能轉向以社會為導向的社會組合主義，中介團體並希望提高相對的自主性，如可以選拔其領導人、組織成員，但他們並非要求全面民主化的實現。

　　我們試著從從歷史向度來談鄧小平路線的發展，若把改革和文革做一個對比性的理解，以及把鄧小平和劉少奇做一個對比性的理解，可以發現劉少奇在談群眾時和葛蘭西（Gramsci）很像，他最重要的著作為《論黨員的修養》，代表他最主要的政治思想，在劉少奇的觀念中，是企圖要把馬克思、列寧主義和馬基維里的思想調合／結合起來，走出一條「馬基維里式的列寧主義」道路模式。劉少奇雖然是一個典型的列寧主義者，但他是一個中國的馬基維里式的列寧主義者，而毛澤東的思想是對列寧主義的反動，是在否定列寧主義思想的角度上發展出來，毛澤東企圖以民粹主義替代精英主義，並由此去否定列寧主義。

　　劉少奇認為中國共產黨建政後，必須繼續走列寧主義的道路，將其走得更精密、更嚴謹，以維持列寧主義的菁英主義的特質，但又不會產生菁英壟斷權力和意識形態主導權的現象，民主集中制不能只作為菁英主義的遊戲規則，民主集中制必須成為菁英和群眾互動的機制和載體，才不會產生菁英權力替代的現象。

　　劉少奇也認為列寧主義下的菁英主義，要具有相對群眾的道德優位性，因此菁英或也應擁有相對群眾的權力優位性，但他並不認為這兩種優位性是一種邏輯的必然性，因為這兩種優位性是由於菁英透過民主集中制為橋樑而形成的，菁英和幹部

必須體現他們在知識和道德上的優位性，即菁英和幹部都必須成為價值理性的化身，要具有對歷史趨勢作理論總結並導引說服群眾的能力，使群眾個人私利的追求能與總體歷史發展趨勢相結合。因此菁英內部不允許按照功利主義或工具理性的原則進行互動，中共內部必須遵守黨內黨外有別的原則，實用主義的觀念不適合作為黨內菁英互動的原則。

五、世代交替與鄧小平歷史定位的確立

「十二大」後雖然鄧小平已經成為一個實際上握有最高權力的領導者，然而他仍必須要兼顧到不同派系之間的利益與鬥爭，這也導致了胡、趙這兩個他一手栽培起來的接班人，最後都不得不面臨黯然下台的處境。一九八二年中共「中央顧問委員會」成立，鄧小平原來是希望藉著這個單位，讓這些革命老人的政治角色與定位由明轉成暗，不再負責實際政治工作與路線領導，完成政治世代交替。但是八四、八五城市經濟改革，使中國大陸產生第一波價格過熱、經濟波動而引起許多爭論和反對，這些爭論和反對經改的力量主要有三股，分別是陳雲集團、鄧力群、胡喬木等人和解放軍將領，三股力量比實際負責改革的人都具有更深的黨內資歷與派系基礎，中央顧問委員會

也成為一些老幹部發言的平台，這使得鄧在面臨政改、經改的時候，無法放手去做，必須不斷折衝、妥協，甚至到最後還必須向反對勢力做出某種程度的讓步[4]。

　　一九八六年底的學生示威運動，導致了胡耀邦的下台，這是由於中共結構性政治世代交替引發的結構性張力所造成的結果，其實也是鄧小平在相當程度上向反對勢力妥協的結果，由於胡耀邦自身的個性和他鮮明的改革立場，使得許多老幹部對胡耀邦相當不滿，常常在鄧小平面前數落胡耀邦的不是。一九八六年夏天中共的「北戴河會議」，一些大老如彭真、王震等皆批評改革政策，認為胡耀邦的改革政策和其所提出的改革意見會與「四項基本原則」產生相當嚴重的衝突，會否定中國共產黨的領導。而八六年底的學生抗議事件，更成為反對派用來壓倒胡耀邦這隻駱駝的最後一根稻草。合肥學生抗議地方人民代表選舉被省委操控，並且號召上海、北京等地的學生於一九八七年元旦在天安門廣場示威遊行，學生運動使得中共政權緊張，也讓鄧小平感到生氣，而反對改革者趁機將這件事與胡耀邦的政治立場扯在一起，說他支持資產階級自由化而且縱容學生，胡耀邦因此而下台，中共又開始進行「反資產階級自由化」運動，但是一九八七年中整個路線又從「反右」的氣氛被扭轉成改革開放的路子，只是這時檯面上的主事者已經從胡耀邦變成趙紫陽了。

　　胡耀邦其實是一個政治改革的犧牲者，甚至可以視爲是鄧小平用來「棄車保帥」的一顆棋子，在改革初始階段，檯面上的主事者若與老一輩的人有張力，就不得不面臨下台的命運。趙紫陽接替胡耀邦的位置後第一個政治改革的表現是在「十三大」的報告，這篇名爲「沿著有中國特色的社會主義前進」的政治報告，最大的特點就是明確的提出了「社會主義初級階段論」。「十三大」政治報告除了提出「社會主義初級階段論」的訴求外，也擴大了「商品」的涵蓋範圍，趙紫陽強調商品概念不只可以運用到生產資料，也可以用到資訊領域中，甚至也可以用到資本領域中，這種看法讓商品概念擴大到涵蓋非傳統領域。趙紫陽在報告中也批評按勞分配原則，要求打破平均主義的工資報酬觀念。同時他提出「補課」的概念，認爲運用資本主義的生產手段，不是走資本主義路線或搞資本主義，社會主義必要的時候也可以用資本主義的方式來從事社會主義建設。

　　趙紫陽的政治報告透露明顯的妥協態度，不觸及根本問題，而將經改的過程中存在資本主義手段和社會主義理念間的矛盾消融在「社會主義初級階段論」的論述架構裡，「初階論」的提出，目的也是在銜接「八大」的路線，「八大」確定了中國剛結束新民主主義階段，要進入社會主義，而「初階論」除了銜接「八大」，更指出中國才剛剛進入社會主義「初級」階段，而這個階段的時間約爲一百年。

　　由延續毛澤東時代的發展歷史觀來看，趙紫陽提出「社會主義初級階段論」，在理論建構上合理的延續毛澤東新民主主義論的歷史發展觀點，「初階論」承繼「八大」的路線精神，使得初階論具有歷史發展階段論的正當性與合理性，因爲一九五六年中共「八大」宣示中國大陸「新民主主義階段結束」要開始進入「社會主義的門檻」，奠定了社會主義「階段發展」的論述，從而使得「初階論」可以在揚棄中共黨史發展的基礎上去承繼新民主主義階段，這樣一來，中共就可以說，後毛時代的改革可以採取新民主主義階段的作法，例如，在經濟上可以用資本主義和社會主義並存的混合經濟，而這也剛好符合趙紫陽報告中說的社會主義初級階段「不是泛指任何國家進入社會主義都要經歷的起始階段，而是特指我國在生產力落後、商品經濟不發達條件下，建設社會主義必然要經歷的特定階段」[5]。

　　而中共所謂的「建設有中國特色的社會主義」就是指要立基於現實，立基於中國具體國情與歷史條件來走社會主義道路。而其中重要的是通過社會主義初階論來界定現實國情與歷史環境，同時根據現實國情和歷史環境做出適合的路線政策。「建設有中國特色的社會主義」的論述具有批判與反思的意涵，認爲「八大」之後到毛澤東死亡這一段其間，所走的道路和方向都背離中國國情，而由於中國共產黨在「八大」之後沒有機會走符合中國國情的社會主義道路，所以改革開放，其實就是

中共要走符合以及立基於中國現實的社會主義的道路。

八九天安門事件是震驚國際的大事件，這個事件也促使趙紫陽黯然下台，成為繼胡耀邦之後又一個改革犧牲者。趙紫陽的下台讓天安門事件後的鄧小平面臨兩難抉擇，一方面是天安門事件的爆發與改革開放所帶來的影響有絕對的關連性，然而另一方面改革開放毫無疑問的又有其必要性與正面意義，這種兩難與矛盾局面被表現在中共的實際政治運作上。在天安門事件後，特別是九○年到九一年之間，「反資產階級自由化」的聲浪高漲，在改革開放過程中，中共一直強調反「左」，天安門事件後，則反過來強調「右」才是不安的來源，甚至又提到階級鬥爭，一九九一年七月一日，接任趙紫陽總書記職位的江澤民在中共建黨七十週年談話中提到「階級鬥爭」。然而天安門事件之後，中國大陸經濟嚴重下滑，又受到國際孤立，中共當然亟思改變這種困境，所以從一九九○年下半年開始，經濟特區的重要性重新被強調，私有經濟、沿海經濟發展的重要性也同樣再次被強調，而這顯然與中共政治上的訴求間存在矛盾。

無可否認的，天安門事件會使鄧小平的歷史評價受到影響，如果鄧在後天安門時代不再走改革路線，在歷史針砭的時候相信會是過大於功。因此，鄧小平還是選擇繼續走改革開放的路，並且在持續改革開放的前提下，以加強政治控制來作為換取反對力量妥協的籌碼，鄧雖然在天安門事件中扮演一個鎮

壓者的角色，但是鄧小平認為，不繼續改革開放是不行的，中國大陸如果沒有啓動改革開放，恐怕是頂不住天安門事件的衝擊。

但是，天安門事件後，中國大陸理論界爆發激烈的「姓資」與「姓社」的爭論，九二年鄧小平的南巡演說，就是為了釐清／平息中國大陸內部這種「姓社」、「姓資」的爭辯，鄧小平批評有些人認為採取市場機制，就是讓資本主義在中國大陸復辟，是一種二元對立的思維。讓市場經濟等同於資本主義，而計畫經濟代表社會主義，讓兩者壁壘分明的進行爭辯，這是不瞭解社會主義本質所造成的錯誤看法。鄧小平在南巡講話中闡明「社」、「資」的分野，說明不管是「計畫」或是「市場」都只是方法與手段，將計畫與市場方法手段化、工具化，「計畫體制」不等於社會主義，「市場」也不等於資本主義，資本主義與社會主義不是靠計畫或市場的多寡來區分，而是通過生產資料占有制來區分，社會主義可以通過資本主義的手段／方法來達到社會主義追求的經濟發展，這在邏輯上是沒有矛盾的[6]，社會主義和市場是可以聯姻的。

「社會主義市場經濟」論述的提出在中共意識形態建構過程中是相當重要的發展，它企圖解決社資爭議中的二元對立，依循所有制公有的思維，強調生產資料公有化就是社會主義，市場只是在其中扮演工具性、手段性的角色。這套論述讓國家主

義的立場可以在後天安門事件的中國大陸繼續被表現出來，以國家主義為體、市場主義為用的運作模式，方便後天安門時代，中共經濟向資本主義／市場經濟傾斜的同時，國家力量／計畫體制具有出面調控的正當性。

毛之新民主主義論，強調中國大陸可以越過資本主義階段；「八大」後，毛澤東更認為，中國大陸不只可以越過資本主義階段，更可以越過商品階段；而在鄧的觀念裡，中國大陸可以越過資本主義階段，但是不可越過商品經濟階段，中共在「十二屆三中全會」中所通過的有關經濟改革的文件中就特別強調，中國大陸可以越過資本主義階段，但無法越過商品經濟階段。

鄧小平的歷史角色如何被定位的問題，在九二年中共「十四大」獲得處理。「十四大」反映鄧小平南巡講話的精神。對鄧而言，改革開放是一條不能停止的正確路線。蘇聯東歐共黨政權解體事件殷鑑不遠，鄧小平認為中國大陸持續十年的經改經驗，使中共避免重蹈蘇聯和東歐的後塵。同時鄧也不希望因為天安門事件的影響讓中國大陸與西方的關係陷入二元對立之中，這一切都強化鄧持續推行經改並將之定位成不能變更的最高指導綱領的決心。「十四大」將鄧小平定位成：中國現代化綱領和改革開放的總設計師，及建設有中國特色的社會主義理論創始者。

　　「十四大」後，一般皆認爲中共已經走入了「後鄧小平時代」，「鄧後時代」由何時開始就像「鄧小平時代」從何時開始一樣，存在幾個不同的時間判別點，有人認爲一九八九年的「十三屆四中全會」，鄧小平把軍委主席辭掉，鄧後時代的序幕便已經揭開，也有人認爲一九九二年的「十四大」後，中共對鄧小平做出歷史定位，並且以「鄧小平理論」作爲中共意識形態核心的重要組成時，就已經宣告鄧後時代的來臨，還有人直接以歷史時間作爲區隔，認爲要到一九九七年鄧小平死後才能算眞正鄧後時代的開始。

　　而江澤民時代應該由什麼時候開始起算，並沒有一個明確的答案，一般認爲九七年鄧小平逝世之後，江澤民才得以開始放開手腳去建構一個屬於自己的時代，但是如果由意識形態建構的角度來看，九五年的「十四屆五中全會」江澤民提出「論十二大關係」，便已經開始宣告一個江澤民時代的來臨了，其後的「三講」到二〇〇〇年提出「三個代表」，在在顯示江澤民建構鄧後時代中共意識形態的強烈企圖[7]。

　　「十六大」之後，中共正逐漸走入一個「後江澤民時代」，江澤民的歷史地位又會在胡錦濤手上被進一步如何定位，將是一個令人感興趣的重要議題。

註釋

[1]韓文甫，《鄧小平傳：治國篇》，台北：時報文化，1993，頁477-478。

[2]《鄧小平文選》第二卷，北京：人民出版社，1994，頁85-100。

[3]李英明，《中國：向鄧後時代轉折》，台北：生智，1999，頁2-29。

[4]阮銘，《鄧小平帝國》，台北：時報出版，1992，第八～十二章。

[5]趙紫陽，「沿著有中國特色的社會主義道路前進」，參見中共「十三大」報告。

[6]馬立誠、凌志軍，《交鋒：當代中國三次思想解放實錄》，台北：天下文化，1996，頁147-149。

[7]賴皆興，〈中共意識形態中的後殖民意涵：從馬克思主義中國化到三個代表〉，台北：國立政治大學東亞所碩士論文，2002，第五章。

第四章

鄧小平時代經改的政治意涵

中共的經改不是單純的回頭去補資本主義的課，而是走一種「後社會主義」的模式，走一條融合資本主義市場經濟與社會主義計畫經濟的經濟發展道路。

一、鄧小平經改的政治意涵

鄧以列寧主義作爲改革開放的力量與原則，作爲一個列寧主義者，鄧嚴格區分黨內外的不同以及政經操作方式的不同。他認爲黨內的生活按民主集中制基礎，體現價值理性，黨相對於民眾才能更具有道德、權力、知識的優越性；黨外的一般民眾則應該按照工具理性或現實功利的原則來操作，但絕對不能挑戰黨以民主集中制所建立起來的領導權威。在政治領域按價值理性的規則去操作，而經濟允許以工具理性的原則來操作，但不能挑戰中共的政治權威。

在十一屆三中全會前，中共的經濟政策是按照毛澤東的意志在進行的，毛稱之爲自力更生的經濟發展道路，中共建立了一套封閉的、可以自我循環的財政經濟體制：對農產品、農副產品實行統購統銷，提供給工業生產部門，以壓低工業生產部門的生產成本，產生利潤，而工業部門的產品以相對較高的價格賣給農業部門，產生第二道利潤，這造成了工農產品價格剪

刀差，也就是工業對農業，或說是城市對農村的剝削；工業部門將利潤上繳，就成為國家的收入，所以不用稅收制度。這種作法經常產生了民眾的高儲蓄率，而導致高通貨膨脹率，因此為解決通貨膨脹，必須不定時的釋放民生必需品在市場上流通，但這又往往會被冠上是資本主義復辟的罪名，從而又必須再度緊縮政策，以致造成政策反覆。

我們如果想徹底瞭解後毛時期鄧小平的經濟改革作法，就要先瞭解改革以來中國大陸市場與計畫之間關係的演化過程：

第一階段：一九八七年中共「十三大」前，以計畫為主，市場為輔；計畫體制仍被視為經濟轉運之載體與母體，市場僅是作為輔助性手段，這也可以稱為「有計畫的商品經濟」的階段。

第二階段：「十三大」到一九九二年「十四大」，正式確立計畫和市場可以平行共存。

第三階段：「十四大」後，在宣稱建立「社會主義市場經濟」的訴求下，允許以市場為主、計畫為輔。

鄧小平是從政治現實的考量，由政治邏輯而非由經濟邏輯出發去思考經改的步驟，也因此，如何讓中國大陸的「市場機制」在一種自然且不引起大騷動的狀況下出現／發展，成為鄧小平經改政策能否啟動相當重要的一環，鄧小平是一個務實主

義者，他以一種「明修棧道、暗渡陳倉」的方式，很有彈性的由後文革的除弊邏輯去設想經改可以實施的「較安全」步驟：

1. 在基本上不觸動中共政治體制的前提下，去重建行政的合理性（官僚理性）。

2. 在基本上不觸動中共的計畫體制的前提下，在計畫之外另外造一個市場，並且讓市場不斷的擴大後去擠壓計畫經濟，使其內涵不斷改變，這是一種漸進式的「量變到質變」。

3. 在基本上不觸動中央層級的體制／權力結構的前提下，去拉攏地方，形成地方包圍中央，迫使中央層級的體制與權力結構轉變，這一點是由八○年代財政權的下放（分灶吃飯）作為基礎的。

4. 在基本上不觸動國家機器的計畫體制與結構下，儘可能由黨的方面來主導／發動，並繞過國家機器的計畫體制來運作，例如農村最初的改革方式，就是著眼於先重建黨與農村的關係，再以此為基礎，迫使國家層面的政策發生改變。

由上面可以看出鄧小平這四個步驟是相當充滿妥協色彩且煞費苦心的，在不動搖現有政治情勢或資源分配的情況下，用經濟的誘因來促使中國大陸產生新一代的既得利益者，並且讓

這些代表經濟上的既得利益者去挑戰／移轉舊一代的觀念。這種發展使得中共逐漸承認市場機制可以成爲經濟體制的載體／母體，而計畫體制則是一種槓桿，作用是讓國家可以在允許市場存在／運行的情況下，監督、維護與管制經濟的穩定發展。所以，由宏觀的角度來看，中共調整政治與經濟的關係，是一種國家與社會關係的重建，而從微觀角度而言，由於市場機制的介入，使得原本企業內部運行機制必須重新調整，重新劃分經營權與管理權之區隔，甚至被迫對產權之歸屬做出調整，這牽涉到勞動者與企業間的屬性與定位問題，這部分是中共經改過程中一直必須謹慎因應的。

由於經濟改革是建立在允許市場存在／運行的前提下展開的，所以改革開放政策最主要的目的主要有以下兩點，第一點是允許市場機制在既有的計畫體制上不斷提升其角色與位階；另一點則是通過市場的存在／運行來重建與資本主義的關係。這兩個目的總的歸結爲後毛時代中共企圖通過經濟改革的手段來重建中國大陸與西方市場／資本主義的關係。然而這種向資本主義和市場機制靠攏的作法，必須要能在一定程度上降低社會主義和資本主義經濟體制之間的緊張關係，使兩者之間形成一個共生發展的關係，所以鄧小平在改革開放的同時也宣示堅持四項基本原則，一方面宣示改革開放，另一方面在思想上宣示延續過去的革命經驗與傳統，降低兩者之間的矛盾點，這也

說明鄧小平希望能走出一條有別以往的「後社會主義」道路來。

「後社會主義」道路的概念可以從中共「十三大」的報告中找到答案。趙紫陽在「十三大」報告裡宣示中共要走「後社會主義」的路，主要是駁斥那些認為改革開放就是向資本主義投降、靠攏的意見，強調改革開放一方面既無法照搬古典社會主義或馬克思主義的想法，同時也是揚棄民粹主義式的道路，走適合中國現實的後社會主義道路，而另一方面也是走「後資本主義」的道路，與古典／西方的資本主義是不同的，並不是／也不會向資本主義妥協，是一種前進的力量而不是倒回純粹素樸的資本主義。趙的報告中其實也指出古典社會主義早就具有後資本主義的意義，更何況今日中共已經受過社會主義的洗禮，現在走後社會主義是合理的、正當的。另外，趙紫陽認為，改革開放雖然採用市場機制，但不能說是向資本主義倒退，也不能說是社會主義與資本主義的簡單結合，改革開放走的路不能用簡單的社會主義或資本主義架構範疇來解釋，必須重建一個新的架構。

在鄧小平改革開放思想的背後，社會主義不再被定位成一個既存的理想藍圖或目標，而是必須通過不斷實踐與修正的，社會主義要通過現代化建設和四項堅持的結合來實現，而四項堅持中更必須以「黨的領導」作為核心，而中國大陸在邁向現

代化經濟發展或借鏡資本主義的經驗時，必須通過以列寧主義爲基礎的統合主義／國家主義作爲載體才可能。換言之，要以新威權體制的國家來表現社會主義，通過其法律、政策去規範市場與經濟，使中國大陸不會滑向資本主義。

　　不過，改革開放雖然是針對毛澤東時代的政策路線和體制進行修正、調整或改變，但歷史的發展是非常弔詭的，毛澤東時代留下來的一些「遺產」，卻成爲鄧小平時代改革開放的基礎。

二、毛澤東時代的遺產

　　中共建政初期，走了一段向蘇聯學習的路，其特色是結合制度主義及菁英主義的政治經濟操作，而對資本主義採對抗、敵對、隔絕的方式，所以在毛澤東的主導下，中共建立了前述的自我循環的財政體制，其作法是透過國家公權力對農副產品實行統購統銷，結果產生了工農產品價格剪刀差，農業部門的經濟剩餘轉到工業部門，合法的讓工業對農業經濟剩餘進行剝奪，工業部門對農業實行「內在經濟殖民」。工業部門將利潤上繳，成爲國家財政的主要來源。農產品統購統銷壓低了勞工生活成本，所以勞工的薪資低，但儲蓄率高。毛的立國之本是建

立在工農產品價格剪刀差的基礎上。雖然在「論十大關係」中，毛澤東說蘇聯走的是「一條腿模式」（重視重工業），說中國要走「兩條腿模式」（重工業與輕工業平衡），但毛始終沒有做到，也沒有扭轉「重重輕輕」、城市／工業對農村／農業的剝奪的情況。此外，中共建政以來建構城鄉二元結構，嚴格控制城市農村人口移動和職業轉換，社會主義福利安全保險網絡基本上不包括農村在內，呈現出一國兩制的情形；但蘇聯則是城市農村都在社會主義福利安全的保護傘下。毛推動人民公社使得城鄉二元結構深化，因此制度是使農民更加固著於農村，不能而且不敢想向城市遷移。

不過，毛澤東時代雖然犯了躁進和重工輕農的錯誤，但是若沒有毛澤東時代快速工業化的基礎，就沒有後來鄧時代經改得以快速發展的基礎，在一九五二至一九七五年之間，中國大陸的工業每年以平均11.2％的速度在成長。而當一九七六年毛澤東終於去見馬克思的時候，當時中國大陸已經成為世界第六大工業國。毛澤東時代的重工業發展顯著，例如重型拖拉機的生產、一九六四年的原子彈試爆、一九六七年的氫彈生產、一九七○年衛星升空進入軌道，這些對中共的經濟發展都是有其意義的[11]。

所以當我們在看待鄧小平的經濟改革政策時，不能因為改革開放很大程度是在糾正、調整改變毛澤東時代因為快速工業

化變化所衍生出來的問題，就將毛的作用全然抹煞，如果不顧毛澤東的政策作為，甚至是刻意忽略，這會形成一種斷裂或不連續的史觀，無法真正瞭解鄧的經改何以可以成功，因為鄧的經改是以毛時代的遺緒作為發展基礎的，如果有人認為到鄧小平的時代，中共才懂得現代化及以現代化的邏輯追求生產力的發展，經濟改革的成功全是鄧小平的功勞，這顯然是違背史實的。然而中共之所以將毛澤東時代的經濟作為描述得一片黑暗，包括鄧在內的領導人也刻意如此做，這是因為必須藉由否定毛時代的政策路線錯誤來證成改革開放的必要性和正當性。

另外，毛澤東時代的權力下放和人民公社制度也成為鄧時代經濟改革的基礎。中國大陸的經改過程是先農村後城市，雖然農村的經濟變革剛開始是一種農村草根性的自覺與自救的行動，然而，毛澤東遺產也是讓經濟改革可以先農村後城市的重要關鍵，農村經改由地方政權開始，國家則默許農村推動經改，這是由於毛時代的權力下放，使得農村可以推行聯產承包責任制，鄉鎮企業的發展奠立在人民公社和農村辦的小型工業上。人民公社對農村的組織和動員，通過生產小隊、生產大隊的組織方式，形成了後來鄉鎮企業得以發展起來的基礎。毛時代通過大躍進、農村集體化，讓農村實現某種程度的工業化，大躍進是毛澤東追求工業化的途徑與方式，農村產生類似小型工業的鄉鎮工業或鄉鎮企業，毛澤東雖然犯錯，但其粗糙、快

速的工業化過程中所留下的遺產，還是我們理解中國大陸在後毛時代經改何以成功的要件。

在另一方面，為了突破封閉性循環經濟體制，中共也從七○年代末期，就積極想重建與西方資本主義世界體系的關係，如與美國建交、與日本簽中日友好條約、鄧小平訪美、華國鋒訪歐等等，都是拉開了中共與世界資本主義主要國家建立關係的序幕。另外，中共也曾經企圖參考南斯拉夫的社會主義經驗和羅馬尼亞的民族主義式的共產主義道路經驗，為後毛時期經濟改革做出理論銜接的準備。

三、經改中反對派力量存在的政治意涵

城市經濟改革主要是從「十二屆三中全會」以後以農村經濟改革經驗為基礎展開的，但也因此導引出中共內部經濟和政治之間的張力。因為採用市場經濟模式，會導致計畫體制鬆動以及經濟過熱，而這就逐漸累積政治上對經改的負面效應與評價，面對這種不確定／不穩定的經濟發展趨勢，中共內部許多人不免對經改的未來感到十分憂慮，並且出現了反對聲浪，主張應該走回計畫體制的老路。這些人可以分為三大類，分別是以陳雲為代表的「鳥籠經濟」派、以左派思想作為出發點的胡

喬木、鄧力群等人，以及一些解放軍將領等。

陳雲的「鳥籠經濟」就是一個強力主張「計畫為主、市場為輔」的經濟政策。陳雲一向被視為是中共內部的財經元老。所以他對經改的意見具有相當程度的影響力，陳雲認為，市場發展導致市場過熱，可能會影響政治。再者，陳雲也是一個重農主義者，相當關心農業在改革過程中的定位，以及農民的權益和生活將如何受到影響與衝擊，陳雲也擔心市場經濟擴大，會使區域發展失衡，以及引進外來資金技術所可能帶來的負效應，所以，陳雲強調，不可動搖計畫經濟作經濟發展的載體／母體，市場經濟只能是輔助。

另一派以胡喬木、鄧力群、彭眞為代表，擔心經濟改革的結果會使傳統的計畫體制崩盤，從而影響到中共意識形態的內容與正當性受到質疑，甚至會因此被解體，讓中國共產黨失去面對社會主義解釋／詮釋的主導權／領導權，造成中國共產黨統治的正當性會因此而瓦解。這一派的思想是以維繫中共傳統意識形態為主要的訴求，對經改可能帶來的政治、社會甚至意識形態上的改變存在相當大的恐懼。

最後一派是「左」的力量的延伸，這一派以一些激進的解放軍將領為主導，這些人曾經追隨過毛澤東，對毛澤東的思想／主張，有高度的擁護與支持，同時對毛時代的種種也具有相當程度的依戀或懷念，隨著毛澤東思想／主張的式微以及解放

軍地位的不若以往，在經改過程中，他們擔心被邊緣化而損及
自身的利益，因此對經改往往抱持反對或不信任的態度，這對
改革力量形成結構性阻礙，同時由於這些革命將領的有意阻
擾，胡耀邦與趙紫陽始終難以真正擴大其軍中影響力，這也是
胡、趙的權力基礎一直無法穩定的一個原因。

　　三股力量的脈絡和背景雖有所差異，但幾乎都是傾向於認
為，如果經濟改革走得太快，會撼動共產黨的領導，甚至是四
項基本原則的堅持，進而會影響共產黨的地位與領導。這種想
法對改革力量形成一定程度的結構性張力。

四、經濟改革的正當性問題

　　鄧小平的經濟改革，可以說是相當程度的扭轉了毛澤東時
代「政治掛帥」的路線／方針，也與一般思維中的社會主義經
濟發展路線具有相當程度的差異，所以鄧必須為經改政策提出
一套能夠說服黨內外質疑聲浪的辯護基礎，這使得鄧小平除了
必須將改革的合理／正當性奠定在一個「除弊」的基礎上外，
同時也為改革尋找來自歷史發展的正當性作為基礎。所以，鄧
小平將改革的源頭回溯到「八大」，讓改革的正當性與「八大」
之間做出銜接，指出「改革」是「八大」確立下來的方針，但

是由於「八大」後一連串「左傾」路線的抬頭，使得「八大」
路線和精神無法得到落實，也使得社會主義建設方向背棄了
「八大」的基本精神，所以，鄧小平強調改革是為了落實「八大」
的思想精神方向，將「八大」的精神定位為「實事求是，一切
從實際出發」，以及「實踐是檢驗真理的唯一標準」。鄧小平強
調，將改革與「八大」銜接，絕不是一種倒退，而是一種歷史
的還原，讓「脫序的歷史」還原到正常的軌跡上。同時「八大」
明確指出中國大陸處於剛完成社會主義改造，才剛剛要跨進社
會主義建設門檻，「八大」最主要的貢獻是明確的規定了中共
社會矛盾的變化：由「無產階級與資產階級間的矛盾」向「社
會主義制度和落後的生產力之間的矛盾」轉變，所以，還原
「八大」精神，也同時為社會主義初級階段找到理論上的依據，
使得現階段種種改革措施是為了由「尚未成熟的社會主義」向
「成熟的社會主義」過渡找到黨史與國家發展上的正當性。

　　鄧小平主導下的中共認為，中共建政的頭三年（一九四九
～一九五二），是內戰後國民經濟恢復時期，其後的四年（一九
五三～一九五七）是中國大陸由新民主主義階段向社會主義過
渡的重要時期，這段期間除了「一五計畫」外，中共也進行社
會主義改造並獲得相當成就，然而這一切都在一九五七以後因
為中共無視於現實歷史發展的規律而毀於一旦，也使得原本該
按照計畫落實／實踐的社會主義建設成為空中樓閣。而在後毛

時代，如果要將改革路線與「八大」歷史銜接，重新延續／體現「八大」的精神，就必須要走一條「後社會主義」的道路；一條「社會主義」及「資本主義」混合的道路，讓兩者呈現一種「體用」辯證的關係。套用韋伯（Max Weber）的觀念即是「要由價值理性定義社會主義，由工具理性定義資本主義」，社會主義表現爲種種國家管制和保護政策，並且通過國家主義來作爲載體，而資本主義則是一種快速振興經濟與發展市場的手段，所以，社會主義的落實要通過國家機器種種的保護與管制資本主義來體現。通過這種體用關係，鄧小平清楚的告訴人們，在社會主義初級階段，社會主義與資本主義是一種共謀共生的關係，不可再將社／資看成是一種二元對立的範疇。而且在鄧的觀念中，必須跳脫把世界劃分成社／資二元概念／陣營的想法，必須重建中共的世界觀，即必須將過去世界分成兩大相互對立的經濟板塊的觀念，重新打成一塊／視爲一塊，即「全球」這一塊整體，以全球／整體作爲一個單位，由兩個市場的觀念回到一個市場的觀念，回歸到以全球爲市場的觀念。所以社會主義必須重建其與資本主義世界體系的關係，不能再如同改革之前的中國選擇自外於此體系。「改革」與「開放」的觀念也是在此邏輯下形成一種相互配套的關係。

五、經改背後問題的政治意涵

　　鄧小平的漸進式改革模式雖然成功的在不動搖中共政權下進行經濟改革，然而，也付出了一些相對代價，在計畫體制之外另外去塑造一個市場，形成了雙軌制的結構性問題，這種計畫體制與市場體制同時並存的情況，產生了價格雙軌制的經濟運行模式，這使得地方政府或有力人士得以從中上下其手而牟利，造成尋租現象的產生。尋租現象的產生再加上中共在「放權讓利」和「分灶吃飯」思維下所實施的財政權的下放政策，更讓地方政府想方設法的藉由各種方法去獲取更大的財政資源，也因此促使新的地方主義的興起。所以，鄧小平的經改政策雖然讓後毛時代的中共經濟重新步上軌道，讓中國經濟發展可以快速「翻兩番」，並且重新融入世界經濟體系的運行之中，但是改革所帶來的後遺症也伴隨生產力提高的同時逐漸發酵，有一些更已成為中共無力擺脫的宿疾包袱，價格雙軌制、國企改革、地方主義和尋租現象都是其中較為嚴重的。

（一）價格雙軌制和「尋租」現象

中共在後毛時代的改革主要是通過雙軌制，即計畫與市場同時進行，雙軌制一方面成為中共改革的某種力量，但另一方面也成為中共推動改革的結構性難題所在，從八○年代以來，雙軌制衍生出「尋租」活動，並成為以權謀私的腐敗行徑的基礎之一。

價格雙軌不只表現在一般物價上，也表現在利率、匯率、稅率上，有時市場價格和官價形成倍數的差距，這即提供那些控制人、財、物的個人或力量以權謀私的廣大空間。

「尋租」活動顧名思義即是一種「尋求租金」的活動，「租金」在古典經濟學的意義指的是房租、地租等，但並沒有外延的意義，但在政治經濟學中，「租金」的意涵獲得延展，在行政管制下和政策干預下，生產要素的需求不斷增加，但供給面卻因種種管制、干預而無法增加，因而導致價差收入，此即租金。這樣會形成一個不公平競爭的市場，價差收入也因此流入少數握有權力之人的手中。簡而言之，「租金」指的是在行政干預和政治管制下，抑制競爭導致供需失衡所造成的價差收入，行政干預包括價格管制、進口配額管制、生產許可證的管制、關稅管制等。

　　由上面的觀念我們可以瞭解，「尋租」活動是一種沒有任何具體產出的非生產性活動，而不當或過度的行政干預和政策管制即是一種設立租金的行為，即設租活動，它使得以權力謀求金錢和以金錢謀求權力的活動出現，形成一種政商聯結的關係網，腐敗於焉產生。腐敗的產生即是一種設租、尋租環環相扣的關係網，因此要打破這種關係網，必須取消不合理的行政干預，即使行政的干預維持在一種最低合理的水準上，如保障人權、財產權以及法律主體間的秩序等。

　　「尋租」活動除了造成貪污腐敗風氣之外，更是地方保護主義興起的一個重要原因，地方保護主義通過價格雙軌制和財政經濟權下放作為聯結和中介橋樑，一九八〇年後中共通過分灶吃飯，把很多經濟權力下放給地方政府甚至是企業，所以地方就擁有很大的行政裁量權，對許多產品可以有所規定和限制，並且對當地市場有管制、保護的權力，地方政府因此扮演價格雙軌制的執行操作者，嚴重扭曲市場機制，此外，他們會熱衷把地方的財貨、資源投入便於尋租和快速獲利的建設和生產項目上，造成重複投資，資源浪費。

（二）國有企業改革

　　國有企業的存在與運作是社會主義社會中一個相當具代表

性的象徵，因爲它代表的是一種私有制的消滅與某種意義上「共產」的實踐。中共從五○年代開始以蘇聯的史達林模式從事經濟建設，史達林模式的特點是以城市重工業爲中心，並且以計畫經濟作爲經濟操作的載體。然而中共在某種意義上是採修正的史達林模式，因此其經濟上計畫的成分也較低於蘇聯和東歐。這使得城市國有企業的員工享受很大的社會保障和社會福利，但廣大的農民則一直被排除在社會保障外。

改革開放後率先投入改革浪潮的是城市的集體企業單位（集體企業的待遇低於國有企業）和城市的失業人員；而就如前述，由於農民基本上被排除在社會主義安全福利體系之外，改革開放後也投入相當多，而國有企業職工因受到較多的社會保險和社會保障，因此在面對改革浪潮時也就更瞻前顧後，許多國有企業人員在投入市場後，仍在國有企業中留一個職位，以享受國有企業的福利和保障。

由於中共的改革是計畫與市場並存，在計畫之外製造一個市場，通過讓私營和市場經濟成分不斷擴大，去擠壓計畫體制，讓原先計畫和市場的主從關係解構，然後讓市場作爲母體和載體去承載計畫經濟，此即爲一種漸進主義的邏輯戰略，這會不斷迫使國有企業必須嚴肅面對產權改革的問題，中共採取的這個策略可以說是「成功」的。

然而在國企改革的過程有許多問題必須去面對，例如國有

企業和職工間的契約關係，以及伴隨這種契約衍生而來的權利義務關係，包括社會福利以及種種生活細節的照顧等；另外，原先國有企業所承擔的社會福利機制，和與這些機制有關的資產如何轉移也是一個問題，這部分包含有形的資產如醫院、商店和無形的資產如醫療保險等，雖然國企必須與其背後所背負的龐大非營利事業脫鉤才能使其真正成為一個營利單位，但在改革的過程這些卻都是不可輕忽的問題。而產權歸屬問題更是一大難題，「國有」的定義／帽子讓國企有許多「條條塊塊」的公公婆婆，產權歸屬問題始終模糊不清，並衍生出尋租、設租和貪污腐敗以及地方保護主義等問題。另外，「國有」定義不明在改革開放的同時也相對衍生出委託權虛化、代理權膨脹等公司內部的「尋租」問題，以及因為地方保護主義主導下所產生的市場過度競爭而導致國企能力疲弱的問題。

　　西方學者對中共國有企業與國家之間關係的研究一直抱持高度的興趣，認為國企的操作模式其實反映出社會主義國家與社會之間的互動模式。這種將國企視為一個「單位」來具體而微的表現國家／社會互動的研究，首推華爾德（Andrew G. Walder），他藉由觀察中國大陸國有企業職工和領導幹部之間的種種互動和附從關係以及由此衍生出來的種種行為表現，提出「新傳統主義」（Neo-traditionalism）的觀念，華爾德認為，國企中的職工和企業之間存在的是一種上下互惠的互動關係，是

一種職工依附於組織機構和領導幹部而表現出來的一種有別以往的、可以稱為「新傳統主義」的統治方式，這種統治方式的思維重點在於捨棄以往由極權或宰制的觀念來看待國企職工與領導人之間的互動，而是由「人性」的互動面來分析這種互動／運作[2]。而另一位學者烏馬克（Womack）則在一九九〇年代初期提出了單位社會主義（Unit Socialism）的看法，認為中國大陸以城市為中心的國有企業，不只是經濟實體，更是政治實體、社會實體，是中國大陸國家與社會聯結的以及體現社會主義的單位[3]。

烏馬克認為，國有企業不只體現黨國機器對社會的控制，也是黨國機器對社會分配資源與財貨的通道／平台。這種分配作用奠定黨國機器相對於社會的合法性之基礎，獲得社會大眾對黨國機器的支持。所以國有企業作為一個運作單位，是體現社會主義黨國機器分配／運作的機制。然而，國有企業之操作也面臨一個兩難的困境，因為強調職工的福利安全的同時必然對職工的自由民主權利產生相對的限制與剝奪。

在烏馬克的認知裡，國有企業不只形成一個個獨立運行的社群，還形成一個個的「企業家族」，符合中國人傳統的習性，職工以企業為家，職工的一生寄託在國有企業上，而國有企業在職工投入／付出的同時，有責任／義務去照顧職工的食衣住行、生老病死，甚至育幼及教育等問題，這種國企職工群聚的

生活型態，可視爲是中國傳統的家族／士族生活的變體。國有企業是作爲一個社區單位存在，而非作爲營利企業而存在，國有企業不是單純以生產營利爲重心，並兼具有社會保障、社會保險和社會福利的功能，國有企業內有專屬的商店、學校、醫院等，這些皆爲企業辦社會的表現，國有企業承擔了許多原本應該由國家或社會負擔的責任。

　　中國大陸的國有企業，並非單純的「營利單位」，它是國家／社會互動的縮影。明乎此，我們也才能理解中共在面對國企改革上何以步履蹣跚，經常動輒得咎，難以順利推行的原因。

註釋

[1]Maurice Meiesner, *The Deng Xiaoping Era: An Inquiry into the Fate of Chinese Socialism, 1978-1994* (New York: Hill & Wang, 1996), pp.189-190.

[2]Andrew Walder, *Communist Neo-Traditionalism: Work and Authority in Chinese Industry* (Berkeley: University of California Press, 1986).

[3]Brantly Womack, "Transfigured Community: Neo-Traditionalism & Work Unit Socialism," *China Quarterly*, 1991, No.126.

第五章

鄧後時代中共權力繼承與移轉的幾點思考

一、左右問題的辯證意義

　　鄧小平在毛後的有關政治論述，首先主要著眼於如何避免重蹈文革階段的民粹主義的群眾運動所導引的動盪與不安，講簡單一點，其實就是防止「文革」的再發生。而與此相關連的就是如何避免文革階段與民粹群眾運動相對應的個人崇拜以及政治派系、團體權力過度集中繼而濫用的現象。

　　其次，在七八年底「十一屆三中全會」召開前就已經出現的民主運動的發展，一直延續兩三年的時間，這對於鄧小平的政治論述和思維構成另一個向度的制約和影響。上述第一個向度在共產黨內部幾乎造成了共產黨體制的癱瘓和解構，以及路線政策的激烈轉折和變化，使得領導層以及幹部隊伍內部充滿不安和不確定感，繼而領導階層內部分裂不團結以及政局動盪的感受和印象。而第二個向度的發展，可能挑戰中共的領導權威，甚至威脅中共的統治地位。又鄧小平和中共把第一個向度稱為「左」的向度，這種「左」主要從中共內部發展出來的，習慣延用階級或階層分析模式，並且相信民粹式的群眾運動的影響力和爆發力；而鄧小平和中共把第二個向度稱為「右」的向度，這種「右」主要是被認為想從馬列主義邏輯，以及相對

比較自由主義的向度去批判中共的集權或威權體制和作風。鄧小平對於「左」的影響力一直感觸很多，一直到九二南巡講話時，還特別強調，如果中國大陸要出問題，還是出在共產黨內部。鄧小平對於上述左右的態度，簡單的說是叫做「惕右防左」。對於右，鄧小平認為可以通過建立以中共為中心的威權體制來加以反制和化解；而對於左，鄧小平則認為，在建立威權體制的同時必須在黨內真正落實列寧主義的民主集中制。威權體制主張在惕右，而民主集中制主張在防左，兩者可以通過堅持中共領導結合起來。

　　從這些背景去理解鄧小平的政治論述時，有一個引人注目的問題，那就是鄧小平在七九年的中共理論工作會議中所揭櫫的「堅持四項基本原則」的論述。這個論述的提出當然與當時民主運動還正在發展有關，同時也可能與鄧在那時還未完全穩住陣腳，必須防止華國鋒和其支持者可能藉民主運動來打擊鄧小平而使鄧小平不得不作這個宣示有關。不過，從八二年中共將四項基本原則寫入了中共憲法，卻可以看出中共是以其去界定了中共的國體和政體的基本屬性。而值得注意的是，四項基本原則的提出，在當時的背景下，當然有針對「右」的作用，但不要忽略其防止「左」的意涵，從七八年至八一年期間，中共對付民主運動的作法可以看出，中共除了擔心民主運動可能發展為中共所控制外的社會力從而挑戰中共領導地位和權威

外，其實還擔心其有可能導致類似文革的群眾運動的動盪和不安，亦即是擔心文革的幽靈通過民主運動借屍還魂，繼而使中共非但無法掌握甚至又再度引爆內部分裂和不安，使中共被解構或癱瘓；因此堅持四項基本原則，尤其是堅持中共的領導，不只是針對「右」，而且還更針對「左」。

從那段時間的民主運動的訴求內容也可以看出，其中除了有部分從文革痛苦的體驗中，很素樸的從基本的自由主義原則去期待中國大陸的政治改革外，還有主張是希望落實文革所沒有落實的平均主義理想，或從更激進的社會主義民主的角度要求中共必須在毛後時代重現毛時代所沒有實現的社會主義民主。所以，當時鄧小平和中共所面對的不只是單純的所謂右的自由主義訴求的壓力，其實還有依照鄧和中共的邏輯來看的「左的訴求」；因此，未妥善因應的話，有可能又牽動黨內敏感的路線之爭以及內部的分裂。

其實，所謂堅持中共的領導，就是要建立以中共為中心的威權體制，而另一方面則意味著不允許再發生從「左」的立場出發造成中共的內殘、內傷或內爆，繼而嚴重影響打擊中共的威信和領導能力，而堅持社會主義道路，當然意味著基本上不能觸動中國大陸通過社會主義三大改造後的基本社會制度，而另一方面則意味著文革甚至大躍進的時期路線基本上不是走社會主義的正軌，中共必須重新走回社會主義正軌，不因文革甚

至大躍進而背離社會主義；至於堅持無產階級專政，當然意味著中共會通過對付壓制黨外挑戰來體現威權體制的力量，而另一方面則意味著不允許以階級鬥爭搞民粹主義群眾運動，而破壞體制的正常運作；而所謂堅持馬列主義和毛澤東思想，當然意味著中共要在毛後走社會主義道路，必須承接馬列主義和毛澤東思想作為中共意識形態的遺產；不過，另一方面則意味著文革甚至大躍進，事實上是背叛馬列主義以及毛澤東思想，在毛後時代必須將之扭轉過來。

　　堅持四項基本原則被抬到入憲的高度，鄧小平和中共並且以其作為推動改革開放的政治界限，而這條政治界限就是要求必須在民粹主義和自由主義之間選出一條基本不觸動中國大陸公有制的改革開放的道路，這條路是制度主義和威權主義相結合的路，而其結合是通過黨內落實民主集中制以及宣稱要依法治國作為基礎的。如果套用鄧小平和中共所用的更為通俗的說法，就是要在「穩定壓倒一切」的前提下來進行改革開放。

　　鄧小平希望毛後時代走出制度主義和威權主義相結合的路，當然是通過他對文革的感受和體驗而導引出來的。鄧小平本身是制度主義者，不過，他對列寧主義的認識，主要是通過自己的生命歷程以及劉少奇的著作發展的，因此實踐體驗的程度遠超過實際的理論鑽研程度。

　　鄧小平通過堅持四項基本原則，建構了一個「防左惕右」

的政治框架，規範鄧後的中共領導人的作為，企圖避免過去路線、政策經常在所謂左右間搖盪的痛苦；而防左惕右所延伸出來的原理和原則，也成為培養、安排權力接班人的憑藉，這樣一來，就希望權力接班結構能夠儘量與政策路線相一致，從而也力求權力接班的平穩過渡與交替，不必再輾轉輪迴於暴力鬥爭奪權和不斷清洗整肅的循環當中。而在另一方面，雖然文革的群眾運動衝擊了黨國機器，可是黨的基本體制卻沒有被撼動，這樣的體制與毛後的階段之間的適用性、合理性是一大問題，套一句俗語說，僵化的老體制顯然是很容易被認為無法作為毛後發展的載體。因此如何克服黨的體制僵化，以及改變政府的職能，使毛後的官僚體系趨於合理化或理性化，繼而有能力去推動承接主導、執行改革開放政策和路線，也成為鄧小平政治思維中的幹部政策論述的焦點，而與使官僚體制理性化的政治改革相關的所謂依法治國，其實也隱含了通過將法律秩序應用於黨，一來形成新的規範防止「文革」的再發生，傷害官僚體系的運作，二來則力求避免類似毛澤東這樣的魅力型的權威再度出現，從而奠立法律理性的權威形塑的基礎。

二、權力轉移與繼承的經驗與模式

　　從中共高層的權力繼承來看，江澤民半交棒給胡錦濤，是繼其接趙紫陽職位後另一次和平式的權力轉移；不過，江澤民之所以可以和平順利的接替趙紫陽，是通過以八九天安門事件爲背景的，在某種意義上趙是在被整肅下交出職位的。在另一方面，觀察中共高層的權力繼承，其中非常重要的向度是每個階段的最高領導人都想方設法的要把他們的志業或遺產（legacy）傳承下去，未來接班的領導人的政策路線作爲都是爲了合理化傳承下去的志業或遺產，而爲了確保志業或遺產的傳承，可能必須透過整肅清洗，也有可能通過鄧小平提出繼承人的方式來進行，這其實與中國明清時代皇權傳承有所類似。在明、清朝時候，皇帝通過立太子或繼承人，便於太子或繼承人能夠早日接受教育、訓練；繼而希望能夠使皇帝的志業或遺產能夠清楚深刻的被認識或甚至內化。但是，太子或繼承人卻經常陷入暗潮洶湧的權力爭奪的政治漩渦中。因此在權力傳承的過程中，是有正當性卻經常缺乏穩定性。所以，清朝的康熙皇帝在廢太子後，在生前就一直不願明確的指定接班人，而改採秘密繼承的方式。不過這種方式並無法在清朝發生徹底的作

用，因為在十九世紀中葉以後，都是後宮皇太后在決定權力繼承[1]。

綜觀中共建黨以來高層的權力繼承過程，我們可以發現，從一九二一至一九三五年共產國際在中共領導人的更迭過程中扮演重要角色；而毛澤東算是第一位通過鬥爭，從其同儕中脫穎而出的領導人，而其權力的取得與共軍領導人的支持當然有直接密切的關係，值得注意的是，毛澤東從一九四五年七大會議確立其權力地位後，由其主導的黨高層的權力秩序排名一直貫穿建政到文革之前；權力格局維持穩定，但其實是陷入停滯之中，沒有世代交替現象的出現。不過，毛澤東在五〇年代中期後，其實也正式面對權力接班的問題，他鑑於史達林傳位給馬林可夫（Malenkov）的失敗經驗，提出了二線（台前與幕後）政治運作模式，由劉少奇、鄧小平和周恩來負責台面的第一線的日常事務，而他則居幕後掌握最後的決策方向，毛澤東企圖通過這種方式的操作讓這些台面人物，特別是劉少奇能夠有歷練站穩陣腳的機會，以免像馬林可夫那樣一直在史達林的陰影籠罩下，在史達林生前喪失機會歷練表現，而史達林一死就遭到整肅無法接班。不過，夾雜著大躍進發展的內部效應以及和蘇聯有關修正主義論爭的外部效應的連鎖激化，在毛澤東的主導下，中共從一九六二至一九六五年進行反修正主義的「社會主義教育運動」，劉少奇和鄧小平被毛澤東認為形左實右，據資

料顯示，六五年毛就決定換掉劉少奇，不再以他作為權力接班人；這個時候，毛澤東非常在意他的接班人是否會像蘇聯那樣變成所謂修正主義；劉少奇被認為形左實右，其實幾乎就被戴上了修正主義的帽子，而對毛澤東而言，劉少奇就等於已經背棄革命，不足以有條件來繼承他的志業。文革爆發後的中共九大，毛澤東以林彪作為他的繼承人，放棄了二線模式，變成「最好的學生」模式，從劉少奇到林彪的權力接班的轉換中，毛澤東非常在乎他的志業、遺產和路線能否在他死後繼續延續[2]。

　　不過，林彪在一九七一年的所謂叛國外逃事件中死亡，對毛的權力繼承安排造成巨大的衝擊。林彪在「九大」正式成為毛的權力接班人，就種下了功高震主的危機，尤其犯了中共政治文化中的忌諱，表現出以軍凌駕黨的架勢。毛澤東從延安時期以至中共建政後的政治發展過程中，其超凡魅力的（charismatic）權威的形塑，雖與毛的個人風格、中共的論資排輩政治文化的因素有關，還更與毛能獲得軍頭的支持有關。不過，毛需要軍頭對他的支持，但他更要求軍必須服從黨；林彪掌握軍權，又是毛的接班人，如果真的成為中共的最高領導人，軍頭勢必宰制支配黨，亦即軍勢必凌駕黨之上。毛除了關心他的志業、遺產和路線能否延續外，也關切中共的政治文化傳統能否延續的問題。

　　毛澤東在文革的後半段時間，曾經想從文革竄起的左的力量中找權力繼承人，其中特別是王洪文，但卻因無法獲得軍頭的支持而作罷；而最重要的是，在文革後半段期間，整個氛圍已經開始出現從文革前半段所導引的失序動盪中重新整頓的要求，王洪文這些在文革竄起的左的人物，基本上無法因應這種氛圍，而且也無法壓住陣腳。

　　這種的氛圍發展顯示，相對於文革前半段來看，左的激進影響力已經遭到遏制；而且，最重要的是，軍隊的影響力也隨著林彪事件的發生而減弱；在這種特性下，毛澤東及中共很現實的需要老幹部重新回朝穩住陣腳，這是鄧小平在七三年中共「十大」能夠重新復出的重要原因。鄧小平在七四至七五年期間實際主持政府的工作，並且與周恩來揭櫫四個現代化訴求，繼而又與左的力量之間爆發激烈的路線爭論，四個現代化訴求與毛在大躍進以來不斷左傾的路線存有明顯相左的地方；因此，讓毛澤東再度認識到鄧小平不會去遵循他的志業、遺產和路線，最後導致毛挑了華國鋒作為他的權力接班人。

　　華國鋒在有點戲劇性的情況下繼承了毛澤東的權力，其實他的情況比起當年的馬林可夫更糟；不只與文革激進左的力量頂層勢力有張力，而且也無法獲得軍頭真正的支持，甚至還要背負文革的負面遺產的包袱。馬林可夫當時所面臨的競爭者是他的同輩同儕，而華國鋒所面臨的競爭對手鄧小平，在中共論

資排輩的政治文化中，都勝華國鋒一籌。

　　鄧小平在七七年的「十屆十中全會」正式復職，而從七八年的中共「十一屆三中全會」開始要逐步建立以他為中心的體制；華國鋒權力基礎的脆弱性暴露無遺。不過，在鄧小平一方面建立他的時代的同時，另一方面他也必須嚴肅面對權力世代交替的問題。而從他先後挑選胡耀邦和趙紫陽作為他的繼承人的過程可以看出，鄧小平也採取了類似毛澤東當年二線模式，拒絕中共黨政形式上最高領導的位置，而由胡和趙先後分別擔任，希望他們能夠自己站穩陣腳。不過，鄧雖能夠自己挑選繼承人，可是與鄧同輩的中共黨的政治元老卻可以有能耐在不滿意胡趙時，形塑出氛圍讓鄧小平也必須放棄其挑選的繼承人。由於政治元老的影響力跨越了制度，從而使得鄧小平的權力繼承過程中，充滿了不穩定性。

　　江澤民在八九年中共「十三屆四中全會」之所以能被挑中繼承鄧的大統，還是鄧及其同輩的政治元老決定的，這些政治元老的人格化權威超越了制度，決定了中共高層權力轉移的大事。

　　而鄧小平雖然歷經八九年天安門事件，基本上還是堅持防左惕右的政治框架；為了確保江澤民能夠延續他的志業、遺產和路線，鄧小平在九二年年初南巡時發表要求持續改革開放和市場化的講話，並且成為同年中共「十四大」的論述基礎，

「十四大」正式確定經濟體制改革的目標就是要建立社會主義市場經濟體制，並且確立以鄧小平爲名的建設有中國特色社會主義理論在全黨的指導地位。九七年中共「十五大」更正式確定將鄧小平理論（即建設有中國特色社會主義理論）作爲中共的指導思想載入中共黨章中。

　　終鄧小平一生並沒有替中共解決其政治運作過程中最棘手的問題：最高權力繼承人如何被挑選的問題。因此，黨高層的權力繼承還是充滿不確定性和不穩定性。江澤民能夠相對平順的接了鄧小平的班，其中主要原因是江澤民在當了總書記後，鄧小平還持續支持他，套句俗話就是幫他護航了七年，以便使江能站穩陣腳；當然，江能夠站穩陣腳，也與八九年天安門事件中共軍隊鎮壓，並且在事件後一直宣示其威權不能受挑戰的氛圍有關，這種氛圍很清楚的告訴人們，不允許超出黨控制之外的社會和群眾運動的發生，這對惕右產生了相當大的作用，而在反左方面，則是通過一系列的政策和路線宣示來加以壓制。其重要者如十四大以後，中共先後召開了四次中央全會，分別通過了「中共中央關於建立社會主義市場經濟體制若干問題的決定」、「中共中央關於加強黨的建設幾個重大問題的決定」、「中共中央關於制定國民經濟的社會發展九五計畫和二〇一〇年遠景目標的建議」、「中共中央關於加強社會主義精神文明建設若干重要問題的決議」；而在「十五大」，中共又宣稱根

據所謂鄧小平理論和黨的基本路線，制定中共在社會主義初期階段的基本綱領；此外，九五年江提出了「講政治」，九九年提出了「三講」，二〇〇〇年提出了「三個代表」論述，並且在二〇〇二年的「十六大」把「三個代表」論述載入黨章。

中共在八九年天安門事件中的強勢鎮壓效應，不管未來會有何連鎖反應，但卻成為江澤民能穩住陣腳的原因之一；而江在「十四大」後，主導通過一系列的決議和宣示，通過制度面確立對鄧小平的志業、遺產和路線的繼承，以壓制左的力量的挑戰，這更是其能穩住陣腳的原因。

江澤民在「十六大」和二〇〇三年人大的權力轉移中，辭掉了總書記和國家主席的職位，但卻保留了軍委主席的職位；一般認為，江澤民也想像鄧小平那樣為胡錦濤護航，以助其能穩住陣腳；但是，從另一方面來看，這也顯示胡錦濤尚未能獲得軍頭的支持，軍頭的支持對胡錦濤未來能否真正接班、站穩陣腳，將持續扮演關鍵性的角色。

不過，中共最高層的權力繼承的不確定性和不穩定性這個嚴肅的問題，將持續衝擊中共高層的政局。或許我們可以認為，中共最高層的權力繼承的不確定性和不穩定性，主要導因於是由超凡魅力型的領導人或具有人格化權威的領導人或威權強人來挑選其繼承人，這是一種跨越制度的挑選過程。在江之後的中共領導人，能否繼續依循這種模式來挑選所謂繼承人，

實不無疑問。江後的最高領導權的轉移恐怕被迫必須朝制度化
的方向發展,以設計出一套選擇或選舉的制度,確保這種權力
轉移能具有正當性和穩定性。而在朝這個方向發展的思維中,
中共可能至少必須經由政治局來進行選擇或甚至依照黨章眞正
由中央委員會進行選舉[3]。

在中共論資排輩的政治文化中,人格化的因素和力量是超
出人的想像之外的。在毛澤東和鄧小平的時代,有形式上的黨
政職位並不必然擁有相應的權力,而具有人格化權威者雖無職
位也可以擁有超制度職位的權力;其中最明顯的例子是,鄧小
平在八九年底辭了中央軍委主席的職位正式退休,可是他還是
持續被認知爲最高領導人。而江澤民迄今只保留中央軍委主席
的職位,可是他還可以隱在幕後遂行他擁有的政治影響力。不
過,當江澤民未來正式辭去軍職時,失去了現實權力基礎,能
否像鄧小平般持續遂行其權力,則不無疑問。在江之後的時
代,中共政治人物的權力可能愈來愈必須和其所擁有的職位相
應。

江澤民當然可以在未來幾年的過渡期,替胡錦濤所代表的
年輕世代護航;不過,當他正式沒有任何職位,想必就很難像
鄧小平般能繼續擁有幕後的權威和權力,而在這個情況下,加
上中共如果仍然無法建立一套明確的規則或制度來處理政治繼
承問題的話,派系主義和政治鬥爭仍然會主導未來中共政治局

的發展。因此，胡錦濤是否會像胡耀邦和趙紫陽那樣做到一半就被迫下台，仍然是值得注意的問題。

　　一直到鄧小平爲止，中共都維持著皇帝式的指定繼承人的模式，而至江澤民則首次出現無法親自指定繼承人的現象，未來江後時代，中共領導人包括胡錦濤想必也很難再像毛、鄧般指定繼承人；亦即，他們可能必須尋求制度的出路，讓制度最終來決定中共最高權力的承接者，這也許是江後中共領導人必須開始嚴肅面對的課題；當然，這不是說制度外的派系力量和其他非正式（建制）力量不會繼續起作用，或者不存在超制度的人格化的權威因素的影響力；而是說，制度外或非正式的力量以及人格化的權威必須更大程度的依托制度來發揮影響力。

三、制度規範與派系運作的影響

　　長期以來，研究中共高層菁英的權力運作或繼承問題，基本上分成制度主義和派系主義兩大途徑，而世代交替途徑則扮演輔助這兩大途徑的角色。派系被看成是制度外的非正式建制的力量，而派系主義研究途徑經常會因爲突出派系的影響力，被認爲忽略抽離掉制度因素的背景；反過來，制度主義研究途徑經常會因爲突出制度或典章的作用，而被認爲忽略或抽掉派

系或非正式建制力量的影響力。其實制度力量和制度外力量是相互支持而非二元對立的，制度力量必須通過制度外力量來擴大其影響力，而制度外力量也絕不是在眞空中行使的，必須依托制度來遂行影響力。亦即，正式（制度）政治與非正式政治之間的界限其實是非常模糊的，甚至是高度流動的，我們很難明確判定哪些是正式政治或非正式政治。而以毛這樣的超凡魅力型的領導人或鄧這樣具有超制度的人格化權威的領導人，他們基本上都可以跨越正式政治或非正式政治的區隔，甚至成爲正式政治或非正式政治得以發揮影響力的最終極的基礎或源泉；江澤民基本上雖無法擁有像鄧般的人格化權威，但還算得上是一個威權強人，不過，已經不再能成爲正式政治或非正式政治得以發揮影響力的最終極的基礎，而必須更大程度的向制度面傾斜；當然，這並不表示由他培養導引壯大的上海幫力量，不再能以他作爲遂行影響力的基礎。江後的領導人，包括胡錦濤，雖然形式上還可以依賴江在過渡期的護航，但他必須一方面更大程度地去建構他自己的非正式政治的基礎，但另一方面也必須更懂得讓這種非正式政治的運作能夠更具有制度化的意義，否則其權力運作會充滿不穩定性和不確定性。

　　從中共建黨以至於建政的政治發展過程，雖然存在著派系間近乎零和式的互動局面，亦即某個派系近乎完全被徹底擊垮或消滅，或某個派系取得全面壓倒性的勝利；但從更現實的中

共政治運作中，可以看出，其實大多時候派系的互動是非零和式的；就算毛澤東權力定於一尊，擁有無人能比的地位，但是仍然存在與其路線相左的派系力量或非正式政治的力量；而鄧小平時代，雖然鄧小平被認為是實際最高領導人，他的同儕或同輩（世代）中也存在著像以陳雲為代表的派系力量或非正式政治力量的存在。鄧後時代，隨著魅力型權威的不復存在以及類似鄧小平般的人格化權威不復出現，中共高層的派系之間的互動更大程度地朝非零和式的方向發展，這意味著彼此之間必須既競爭或鬥爭但又必須相互協調安協甚至和平共存，這種現象在江後的中共高層政局更是如此，而如果套句俗話來說，就是會朝更大程度的權力分散和平衡的方向傾斜，政治人物必須具有更大的安協合縱連橫的能力。

毛澤東時代，計畫經濟體制和政治集權形成相互支持的辯證結合關係；而通過這種結合的框架，創造了一個在黨政領域中非常嚴格的以及一元化的扈從和依賴網絡，這是當時中共派系或非正式政治力量形成發展的深層原因，而同時，這也表現了計畫經濟體制時代，政治人物希冀攀緣附會的重要甚至唯一的方式或管道。而隨著經濟改革和對外開放的發展，計畫經濟體制開始鬆動或不斷被解構，原本的單元化的嚴格的扈從和依賴結構被逐漸打破，派系或非正式政治力量形成方式漸趨向多元化，而政治人物向上攀高的方式和管道也隨著趨於多元化。

當然，這不表示扈從和依賴關係的經營就不復存在，或是裙帶關係就不復發生作用，但是這些關係的經營或逐行恐怕也必須更大程度地去配合制度性的控制，才能發揮其真正的作用。政治人物必須一方面用多元管道去擴大其非正式政治的權力基礎，而另一方面則必須要懂得學會與別人或派系或非正式政治力量共存的本領。不過，在這樣的結構中，如果有政治人物企圖不顧結構的制約，想要一統天下，形成近乎零和式的全勝格局，甚至要再塑類似毛澤東魅力型權威或鄧小平的人格化權威，那可能會釀成政局的動盪或災難。

而胡錦濤所面臨的難題是：如何建立一個沒有人格化權威為基礎的威權體制。而與此相關的難題是：隨著國家機器對經濟和社會直接控制能力的轉移或削弱（弱化），黨國機器的職能如何能夠被進一步調整和改變，以因應後計畫時代的來臨。這兩個難題都觸及到根本的政治改革的局面。而長期以來，鄧小平就為政治改革定下了界限，將之窄化為行政改革，只求官僚運作的理性化，以因應改革開放的需要。在理性化的思維制約下，政治改革就被當成是如何完善鞏固黨國機器對經濟和社會的對應和調節能力，並且以組合主義或統合主義（corporatism）的方式，要求逐漸多元化的經濟和社會力量能夠跨越多元區隔，在認同支持中共黨國機器領導的前提下，成為和黨國機器配合合作的合夥人或策略聯盟者。但是，中共不允許在這個組

合主義框架外的獨立自主社會經濟力或意見影響力的存在。

此外，在經濟改革主軸的制約下，中共希望以經濟改革作為其政治正當性的基礎，繼而通過上述的組合主義操作來建構威權體制。因此，中共在不斷深化經濟改革的同時，一直不願真正去觸動或啓動結構性的政治改革，開放政治過程擴大社會和大眾參與政治的深度和廣度。而這整個操作就是力求在不必改變中共一黨統治局面的前提下，改變政治和經濟或其他社會層面的關係，但基本上則仍然禁止自發自主的社會團體或所謂市民社會力量的形成或發展。不過，在逐漸多元化的經濟和社會力量崛起後，就算不必從西方現代化論述的角度，強調政治多元化的必然性；但是，中共還是得面對如何讓這些多元力量宣洩或發表意見或遂行影響力的問題。中共的政治系統迄今沒有真正提供社會上不滿意或挫折感的團體或階層宣洩的管道或出路，社會大眾無法有效的或制度化的表達他們的意見和不滿，這固然可能造成大眾政治疏離感的深化，但也可能強化社會和國家之間的張力[4]。而且綜觀中共的改革過程中，環境保護的被犧牲，社會階層不平等激化城鄉差距，及區域差距諸多問題，其實都會醞釀大眾的不滿情境，而這也提供了中國大陸左的力量潛在的社會基礎，其對於未來中共政局的影響不可忽視。中共不管基於對自由主義的排斥或是對毛時代民粹主義的恐懼，在改革開放以來也一直不願擴大社會大眾的政治參與，

但這反而成爲中共所擔心防範的左或右的力量潛在的基礎,從中共自身的歷史邏輯來看,不管是要惕右還是要防止,擴大社會大眾的政治參與恐怕是必須面對的問題。

江澤民除了持續經改外,就是抓所謂精神文明建設,以及特別是抓黨的建設,以凸顯其成就;而胡錦濤,當然必須一方面繼承江澤民的這些步伐,但另一方面,必須思考如何能既可以站穩陣腳,也可以凸顯與江有不同成就的特色,這個問題將考驗胡錦濤的政治智慧和能力。

四、鄧後時代的權力移轉與政治穩定

中共「後革命時代」的高層權力轉移,在「十六大」基本完成。而這個發展,也代表老共產黨的時代角色的結束,一種去共化的勢頭正式進入中共政治運作的神經中。中共未來的政治圖像已然成爲一個包裝「共產黨」外殼卻逐漸沒有內涵和實質屬性的威權政治集團。

鄧小平的改革開放,啓動中國大陸政經社會運作世俗化的發展方向,並且導致共產主義和社會主義理想的不斷遭到揚棄甚至已經進入後共產主義或後社會主義的階段。隨著傳統理想殞落而來的是,中共必須依賴列寧主義中的民主集中制的重

建，在確保中共黨機器運作能力的情況下，對社會和大眾行使威權統治。而這種威權統治被中共合理化爲替追求經濟發展和現代化而服務，大眾和社會的生活和運作被要求要去政治化，而黨國機器運作則被要求體現效率和效能，而不再是以奉行意識形態原則爲標的。於是，中共政治運作就在要求黨國機器運作更爲「合理化」的情況下，不依中共領導人意志而轉移的，褪去更多的共黨味和社會主義色彩。

民主集中制是與論資排輩的政治文化共謀共生的，而論資排輩的政治文化又以共產黨打天下的革命經歷爲基礎的。因此，民主集中制的運作要能夠順利，到頭來必須以政治強人的魅力爲根本，屬於廣義革命世代的前三代政治生態，基本上都是依循這種方式和邏輯在運作，而當中共政治權力轉移到後革命世代，失去了歷史合理性的支撐，上述這些政治生態能否持續，頗令人質疑。

鄧小平在安排權力轉移的過程中，以掌握軍權的方式，扮演監國和監黨的角色，力求政治繼承過程的平順，但仍然爆發胡、趙接班出差錯的危機；而今江澤民仍然沿用鄧小平監國和監黨的方式，是否能保證未來中共高層政治繼承的順利，是相當值得觀察的問題。

「三個代表」入黨章，當然意味著中共未來要代表較爲多元的利益。不過，這除了透露出中共對於中國大陸發展變遷的意

識外，更透露中共的焦慮；面對未來很有可能的更大變遷壓力，中共只能用「三個代表」這個宣稱來模糊和自我紓解這種焦慮。但是，隨著「三個代表」宣稱而來的是，多元參與和權力分享的要求，恐怕難以避免；而中共如果繼續沿用「因為我是共產黨，所以我可以繼續威權統治」的邏輯，是否能夠應付這種可能逐漸高漲的社會要求，將會影響中共政權正當性的重建。也許，威權式的有限多元主義的政治圖像將可能會躍上中國大陸的政治舞台。

在一九八○年的「十一屆六中全會」中，中共將「毛澤東思想」解釋成集體智慧的結晶，一方面稀釋了毛澤東思想對現實的影響力，另一方面則為毛後時代的領導人建構自己的路線政策打開了方便之門；而今「三個代表」的入黨章，不只宣告以毛澤東遺緒為取向的歷史和意識形態的終結，更是替第四代領導人建構自己的政策路線打開另一扇方便之門。而這些不斷被打開的「方便之門」，其實也反映了新世代中共領導人建構大論述和大願景能力的退化。因此，第四代領導人的上台，必須嚴肅面對自己到底還算不算是共產黨的問題，而這些領導人的特質可能會藉由更往經濟主義和民族主義訴求的方向傾斜來凸顯出來；中國大陸即將正式進入「實質上」已經不是共產黨的共產黨新威權統治時代。

Joseph Fewsmith在*The China Quarterly*二○○三年三月號，

發表〈十六大：繼承並沒有發生〉（"The Sixteenth National Party Congress: The Succession that Didn't Happen"）一文，他認為，「三個代表」論述載入黨章，不只被說成是馬列主義、毛澤東思想和鄧小平理論的繼承發展，而且被描述成是集體智慧的結晶，這表示中共已經正式將「三個代表」論述置於和江的兩位前輩毛澤東和鄧小平思想理論同等的位階。此外，他也認為，「三個代表」論述載入黨章，沒有冠上江澤民的名號，這並沒有什麼特別，因為當鄧小平理論在「十四大」首次被載入黨章時，同樣也沒有冠上鄧小平之名，一直到了九七年的「十五大」才被加上去[51]。

如果試著從Joseph Fewsmith的論述邏輯出發，我們或許可以認為，有可能五年後的「十七大」，中共又會在黨章中把江澤民的名號冠在「三個代表」的論述之前。不過，值得吾人注意的是，「十四大」沒有將鄧小平名號冠在「建設有中國特色社會主義理論」之前，可能是因為鄧小平雖然退休但尚在人世，冠了鄧小平名號，恐引來中共透過反文革邏輯一直反對的個人崇拜的麻煩，而且也有可能犯了中國人傳統的忌諱；在黨章這般位階的正式文件中冠上名號，帶有對其人身後的紀念和追思的意義；九七年「十五大」，鄧小平名號被冠上時，鄧小平已經過世，若從這個角度來看，未來「十七大」是否會在黨章中將江澤民的名號冠在「三個代表」論述之前，恐怕還要看江澤民

當時的健康狀況而定，如果江澤民還健在，依照中共意識形態運作的邏輯和模式，或再加上中國人的習性或反文革的遺緒邏輯來看，恐怕是值得商榷的。

以江澤民為代表的「三個代表」論述的進入黨章，當然代表迄江澤民時代，中共還能維持著以個別領導人為中心的威權體制；如果江後的時代，中共能夠繼續維持這樣的政治格局，那麼江後領導人的論述當然就有可能如上所述「位列仙班」，繼續進入中共意識形態領域的封神榜中，成為其結構內容的主體一部分；如果無法繼續維持上述的政治格局，那麼中共意識形態的封神榜恐怕就有可能無法再有依循既定模式而產生的續集；而若江澤民的健康沒有問題，但卻在「十七大」的黨章中有關意識形態的部分被冠上他的名號，一方面打破了上述的政治文化（避免個人崇拜）的忌諱，這一方面可能代表中共政治發展的倒退，以江澤民為精神領袖的政治派系力量的勝利，從而也是胡錦濤權威建構的受到壓制；但是另一方面，也有可能是中共檯面上的領導人形成了基本共識，讓江澤民儘早位列仙班，正式進入中共意識形態的封神榜中，但卻使其逐漸與現實的政策路線脫離關係。不過，總的來說，在江還健在時，就在黨章中冠上他的名號，不只是犯了政治忌諱，也有可能是陷江澤民於不義，江澤民本身敢不敢接受，可能都是個問題；因為，如此一來，不只要背負可能的個人崇拜的包袱，而且還要

被扣上企圖凌駕毛澤東與鄧小平歷史地位的罪名。

　　胡錦濤於一九六四年才入黨，是典型的後革命時代的政治人物，他曾經在宋平的推薦下獲得胡耀邦的提拔擔任共青團中央的書記，並且在鄧小平的指定下，於中共「十四大」躋身中央政治局及其常委會；而在「十五大」，胡錦濤於中央政治局常委的排名由第七名變成第五名，一九九八年被任命爲中共國家副主席以及中央軍委副主席，直至「十六大」成爲中共的總書記。從這個發展過程，可以看出，胡錦濤確實有其特殊的際遇，他不僅被普遍認爲是鄧小平欽定的江澤民後的隔代接班人，而且很顯然的也被江澤民接受成爲其接班人。

　　爲什麼胡錦濤可以作爲很明顯的被培養的接班人如此之久？他是如何經歷中共黨內的政治角力穩住作爲接班人的地位？要回答這樣的問題，當然可以從胡錦濤個人的人格特質、政治的智慧以及駕馭政治派系衝突的能力來找答案，但更重要的是，探究這個問題，或許也等於要深入理解鄧後時代的中共政治格局和生態。如果從歷史參照的角度來看，清朝康熙皇帝還在位尚未傳位給雍正皇帝時，對雍正之子即後來的乾隆就特別喜愛，而當康熙把帝位傳位給雍正時，等於也對雍正作了隔代接班的安排，讓雍正後來也就「很自然」的把帝位傳給乾隆。不過，鄧小平是在其尚未過世前就把權力移交給江澤民，並要江澤民在繼承鄧的權力時就連帶的要培養胡錦濤爲江的權

力接班人。在鄧迄一九九七年過世時，我們可以說，江在鄧的權威的制約下，他無從選擇，但胡錦濤在鄧死後被提為國家副主席和中央軍委副主席，雖然胡是通過了與江磨合而被江正式接納為其繼承人，這其中存在的問題是，江澤民擁有以其為精神領袖的龐大的上海幫的力量，為何卻沒有能以上海幫的力量，例如曾慶紅來替代胡錦濤？

胡錦濤出身清華大學，有共青團的資歷，也曾出掌中共中央黨校，並曾先後在甘肅、西藏和貴州等內陸相對貧困省份和地區工作過，而且歷經胡耀邦、趙紫陽的下台，八九天安門事件等中共政治發展中的激烈動盪。他可說親身經歷了中共在所謂「防左惕右」框架下的政治發展歷程，再加上他本身低調謹慎的風格，使他自己形塑了政經分離的行事格局，他一方面支持經濟改革，可是另一方面卻顯示出要努力捍衛中共獨占政治權力優勢的企圖心。這也可能是胡錦濤「以胡耀邦和趙紫陽為鑑」的具體結果和表現，而這種行事格局頗能符合後天安門事件的中共政治生態的需要。此外，以胡錦濤的經歷，他具有可觀的政治派系的實力，但他很顯然的是努力小心的運用這些力量，但並沒有很清楚的建構他自己的政治派系：低調的運用派系力量作為後盾，但不捲入直接的派系衝突中，甚至有能力設法駕馭派系衝突。

在另一方面，中共二十多年來的經濟改革過程，基本上呈

現了重沿海輕內部，或化約所謂「重東輕西」的格局，在財經資源的配置上，也出現了向沿海傾斜從而排擠內陸的現象；而且，在某種意義上，是通過沿海向內陸進行結構性的經濟剩餘的剝奪，作爲沿海積累其資本的重要管道和基礎；因此，也可以說，是通過犧牲內陸成就沿海，來實現中國大陸形式上總體的經濟發展成績，如此一來，隨著改革開放的發展，沿海是有所虧欠於內陸的；從這個角度來看，所謂的西部大開發，是中共對這種「虧欠」的結構性的補償平衡作爲；而在上述這樣的結構中，通過主持沿海省份或地方的工作來累積政治資本，被認爲是一種非常幸運的主流的管道，這當然是中共很多政治人物所追求的政治途徑；但是，在上述這種結構制約下，卻也提供了擁有內陸行政歷練的政治人物政治攀升的絕妙憑藉，內陸的行政歷練提供了政治人物超出想像外的政治權力基礎；胡錦濤所曾具有的內陸行政經歷是其重要的政治資產。

註釋

[1]Roderick Mac Farquhar, Keynote Speech for Symposium "China in Transition", Washington D.C., September 25, 2002.

[2]Ibid.

[3]Frank Ching, "Chinese Politics Still a Personality Game," *The Japan Times*, November 12, 2002.

[4]Minxin Pei, "Beijing Drama: China's Governance Crisis and Bush's New Challenge," *Policy Brief*, November 21, 2002, Carnerie Endowments for International Peace.

[5]Joseph Fewsmith, "The Sixteenth National Party Congress: The Succession that Didn't Happen," *The China Quarterly*, No.173, March 2003, pp.13-14.

附錄：中共內政與兩岸關係

胡溫體制的初步確立，正在連動的與中國大陸內政發展產生相互制約的關係，到底這種連動相互制約的形勢發展，會對兩岸關係產生何種影響，受到各界關注。

首先，胡溫體制的形成，被認爲是中共政治權力世代交替的表現；而我們也經常約定俗成的會從世代交替的取向去談中共對台政策的可能發展演變。從世代交替的取向出發，很容易會從被視爲世代交替標竿人物的行事風格、面對問題的態度等屬於人格心理層面的角度來分析；不過，當我們追問這些代表性人物的人格心理屬性、格局、模式或格調如何可能形塑而成時，我們不得不回溯到這些人所曾經歷過的中國大陸的政經發展脈絡，以及中共本身的黨史演變格局。

其實，儘管中共政治權力行使的領域是不斷經歷世代交替；但是，通過中國大陸的政經發展脈絡及中共黨史演變格局和邏輯，所形塑而成的內政總體框架和格局，卻是制約影響這些不同世代的中共領導人物的決策取向的最高依據。中共領導人通過對上述的內政總體框架和格局的認知，才能瞭解他本身的政治處境和地位，從而也才能做出儘可能與其本身政治利益

相符合的決策。從改革開放以來，其實中國大陸的內政總體框架和格局，雖然中間歷經一些如胡耀邦下台、八九天安門事件等等政治波動，但基本上並未有所變化，還是一直在追求經濟發展以及通過經濟發展證成中共政治統治正當性的目標。以這種目標取向所形成的內政框架和邏輯，對內基本上就會要求政治和社會的穩定，對外也會要求周邊相關區域或國際社會的穩定。當然，這種內政框架和格局的建構，從根本上來看當然是通過糾正毛澤東時代左傾的路線方向作為基礎的；但是，另一方面也與毛後時代的中共領導人，必須相對的更依賴追求經濟發展的績效或政績來證成自己的權威，有著相當大的直接關係。

中共的對台政策和對外政策，基本上是從屬於上述所說的中國大陸的內政框架和格局；就算不同系統或所謂派系在技術、策略或方法手段上看法有所分歧，但他們基本上都無法跳脫上述的內政框架和格局的制約。

其次，若再做進一步的研究，我們可以發現，源自於當代中國歷史的脈絡邏輯，其中尤其是改朝換代和追求民族國家建構的雙重歷史驅動力結合起來的制約力，更是可以貫穿跨越中共的世代交替的遞嬗演變。這雙重歷史驅動力的結合被中共具體化為中國必須統一這個訴求；不過，這個作為基本方針或原則的訴求，在核心意涵不變的前提下，倒可以因著上述不同階

段的中國大陸內政框架和格局的發展演變而有不同方式的表達和包裝。

這也就是說，不同世代的中共領導人，在台灣問題上，他們其實主要都是在做上述源自於歷史驅動力所形成的基本方針和原則的說文解字，以及通過此淬取凸顯「微言大義」的工作。套句比較通俗的話來說，一方面歷史慣性制約著中共的對台政策，以至於使其基本的方針和原理原則一直可以不變也不敢變；而另一方面，中共不同階段或世代的領導人，卻必須因應階段性的內政框架的演變，對這個基本方針和原則作說文解字的工作；亦即，掌握這個說文解字最終極主導權的人，他就是該階段中共最有實權的政治人物。此外，這個說文解字的工作做好了，然後所有的技術方法手段層次的決策才會有方向和根據。

其實，對基本方針和原則做到說文解字以便淬取凸顯「微言大義」是中共對台政策形成發展過程中最重要的環節；中共各系統或所謂派系最想表現影響力的地方，應該也是在這個環節上；不過，這個環節的運作相當程度是受到上述中國大陸內政框架格局的制約。不過，在此我們必須注意的是，中共一方面將對台問題納入其內政框架的制約下；但是另一方面，由於兩岸問題從五○年代以來就是國際現實主義政治運作的一環，中共相當注意這個介面，而且向來非常小心謹慎的因應；而其

具體的操作則是力求在國際政治的現實主義邏輯下和中國大陸內政邏輯既不能互相嚴重衝突，但也不能遷就國際政治現實主義邏輯，或甚至使國際政治現實主義邏輯配合中國大陸的內政邏輯。由此，我們也才能理解，為何中共在對台政策領域中，會出現上述說文解字內（對台灣的訴求）外（對國際的訴求）有別的現象，以及外事系統和對台系統偶有傳出有些齟齬的消息。

此外，中共雖然從內政框架和邏輯來處理台灣問題，但同時，台灣方面由於其內政邏輯所形成的對應方式也會制約中共，甚至影響上述的說文解字的工作。

通過上述，我們可以認為，與其強調中共的世代交替會影響中共對台政策，倒不如說，中國當代歷史驅動力、中國大陸總體內政框架、國際社會和相關各造（尤其是美國）和台灣等介面互為影響共同作用下的結構格局影響中共新的世代的認知，從而制約其對台決策；而中共新世代領導人的認知以及對台決策又會牽動影響這個結構格局的變化。

（原文發表於中華民國九十二年八月九日～十日，中華歐亞基金會主辦的「兩岸政經交流展望」座談會）

參考文獻

一、文件資料

《毛澤東選集》第一卷，北京：人民出版社，1966。

《毛澤東選集》第二卷，北京：人民出版社，1966。

《毛澤東選集》第三卷，北京：人民出版社，1966。

《毛澤東選集》第四卷，北京：人民出版社，1966。

《毛澤東選集》第五卷，北京：人民出版社，1977。

《鄧小平文選》第一卷，北京：人民出版社，1994。

《鄧小平文選》第二卷，北京：人民出版社，1994。

《鄧小平文選》第三卷，北京：人民出版社，1993。

中共中央文獻研究室編，《十三大以來重要文獻選編》上，北
　　京：人民出版社，1992。

中共中央文獻研究室編，《十三大以來重要文獻選編》中，北
　　京：人民出版社，1992。

中共中央文獻研究室編，《十三大以來重要文獻選編》下，北
　　京：人民出版社，1993。

二、中文參考書目

王年一，《大動亂的年代》，河南：河南人民出版社，1988。

王振輝，《中國民族主義與馬克思主義的興起：清末民初知識份子的困境與抉擇》，台北：韋伯文化，1999。

王健民，《中國共產黨史稿：上海時期》，台北：漢京文化，1988。

王紹光，《理性與瘋狂：文化大革命中的群眾》，香港：牛津大學出版社，1993。

王景倫，《走進東方的夢──美國的中國觀》，北京：時事出版社，1994。

王順生、楊鳳城等，《從八大到十五大：鄧小平理論形成與發展的歷史進程》，福建：福建人民出版社，1997。

田弘茂、朱雲漢編，《江澤民的歷史考卷》，台北：新新聞文化出版，2000。

石之瑜，《政治心理學》，台北：五南，民88。

曲慶彪，《超越烏托邦：毛澤東的社會主義觀》，北京：北京出版社，1996。

朱以青、張立華主編，《當代世界經濟與政治》，山東：山東大學出版社，2001。

朱成甲編，《中共黨史研究論文選》上冊，湖南：湖南人民出
　　版社，1983。

朱陽、郭永鈞，《毛澤東的社會主義觀》，北京：人民出版社，
　　1994。

江宜樺，《自由主義、民族主義與國家認同》，台北：揚智文
　　化，2000。

吳安家，《中共政權四十年的回顧與展望》，台北：政大國際關
　　係研究中心，1995。

李洪林，《中國思想運動史：一九四九到一九八九》，香港：天
　　地圖書，1999。

李英明，《中國：向鄧後時代轉折》，台北：生智，1999。

李英明，《文化意識形態的危機》，台北：時報文化，1992。

李英明，《全球化時代下的台灣和兩岸關係》，台北：生智，
　　2001。

李英明，《鄧小平與後文革的中國大陸》，台北：時報文化，
　　1995。

李維漢，《回憶與研究》，北京：中共中央文獻出版社，1986。

李銳，《毛澤東的功過與是非》，台北：新銳出版，1994。

李澤厚，《中國現代思想史論》，台北：三民，1996。

阮銘，《鄧小平帝國》，台北：時報出版，1992。

忻劍飛，《世界的中國觀》，台北：博遠出版社，1993。

林琳文，《後社會主義中國：毛澤東、鄧小平、江澤民》，台
　　北：生智，1997。

金觀濤，《在歷史的表象背後——對中國封建社會超穩定結構
　　的探索》，台北：谷風，1988。

金觀濤、劉青峰，《開放中的變遷：再論中國超穩定結構》，台
　　北：風雲時代，1994。

胡繩主編，《中國共產黨的七十年》，北京：中共黨史出版社，
　　1991。

韋祖松、高愛紅，《環球同此涼熱：毛澤東的社會主義觀》，陝
　　西師範大學出版社，1993。

唐寶林主編，《馬克思主義在中國一百年》，安徽：安徽人民出
　　版社，1997

席宣、金春明，《文化大革命簡史》，北京：中共中央黨史出版
　　社，1996。

徐向前，《歷史的回顧》，北京：解放軍出版社，1984。

烏杰，《鄧小平思想論》，北京：人民出版社，1992。

翁杰明等編，《與總書記談心》，北京：中國社會科學出版社，
　　1996。

袁恩楨，《世紀之交的十二大關係》，上海：上海財經大學出版
　　社，1998。

馬立誠、凌志軍，《交鋒：當代中國三次思想解放實錄》，台

北：天下文化，1996。

高文謙，《晚年周恩來》，香港：明鏡出版社，2003。

張玉法，《中國近代現代史》，台北：東華書局，1992。

張京媛，《後殖民理論與文化認同》，台北：麥田，1995。

張隆義主編，《和平演變的理論與實際》，台北：國立政治大學
　　國際關係研究中心印行，1992。

張新，《毛澤東的實踐觀》，西安：陝西師範大學出版社，
　　1993。

張煥卿、段家鋒、周玉山主編，《中國大陸研究》，台北：三
　　民，1991。

郭華倫，《中共史論》，台北：政大國關中心，1982。

陳永發，《中國共產黨七十年》，台北：聯經，1998。

陳葆華主編，《國外毛澤東思想研究評述》，陝西：陝西人民出
　　版社，1993。

馮啟民，《國外鄧小平理論研究評析》，北京：高等教育出版
　　社，2002。

楊中美，《朱鎔基傳》，台北：時報文化，1997。

楊奎松，《馬克思主義中國化的歷史進程》，河南：河南人民出
　　版社，1994。

楊逢泰、邵宗海等編，《民族主義論文集》，台北：黎明出版
　　社，1993。

楊繼繩，《鄧小平時代：中國改革開放二十年紀實》，北京：中央編譯出版社，1999。

鄒讜，《二十世紀的中國：從宏觀歷史與圍觀行動角度來看》，香港：牛津大學出版社，1994。

廖蓋隆，《毛澤東思想史》，台北：洪葉文化，1994。

趙建民，《當代中共政治分析》，台北：五南，1997。

齊欣編譯，《世界著名政治家學者論鄧小平》，上海：人民出版社，1999。

劉小楓，《現代性社會理論緒論：現代性與現代中國》，香港：牛津大學出版社，1996。

劉青峰編，《民族主義與中國現代化》，香港：中文大學出版社，1994。

劉俐娜，《中國民國思想史》，北京：人民出版社，1995。

樊瑞平、王立勝、張文桂，《毛澤東思想與中國當代社會》，山東：石油大學出版社，1993。

潘兆民，《中共社會主義現代化：理論與實踐》，台北：結構群出版，1996。

鄧榕，《我的父親鄧小平》，北京：中共中央文獻出版社，1993。

遲福林、黃海，《鄧小平政治體制改革思想研究》，北京：春秋出版社，1988。

閻學通、王在邦、李忠誠、侯若石等編，《中國崛起——國際環境評估》，天津：天津人民出版社，1998。

韓文甫，《鄧小平傳：治國篇》，台北：時報文化，1993。

韓文甫，《鄧小平傳：革命篇》，台北：時報文化，1993。

韓作，《毛澤東評傳》，台北：天元出版社，1987。

韓泰華等編著，《中國共產黨：從一大到十五大》，北京：北京出版社，1998。

叢進，《曲折發展的歲月》，河南：河南人民出版社，1996。

關志鋼、曠昕，《中國十大歷史事件評說》，香港：三聯書店，2002。

三、中文譯著

史景遷（Jonathan D. Spence）著，溫洽溢譯，《追尋現代中國：革命與戰爭》，台北：時報文化，2001。

史景遷（Jonathan D. Spence）著，溫洽溢譯，《追尋現代中國：從共產主義到市場經濟》，台北：時報文化，2001。

史景遷（Jonathan D. Spence）著，溫洽溢譯，《追尋現代中國：最後的王朝》，台北：時報文化，2001。

弗雷德里克‧C‧泰韋斯著，王紅續、宮力、喻曉譯，《從毛澤東到鄧小平》，北京：中共中央黨校，1991。

阿里夫·德里克（Arif Dirlik）著，王寧等譯，《後革命氛圍》，北京：中國社科院出版社，1999。

保羅·科文（Paul A. Cohen）著，林同奇譯，《在中國發現歷史──中國中心觀在美國的興起》，台北：稻鄉出版社，1991。

莫理斯·梅斯那（Maurice Meisner），《毛澤東的中國及其發展：中華人民共和國史》，北京：社會科學文獻出版社，1992。

章家敦（Gordon G. Chang）著，侯思嘉、閻紀宇譯，《中國即將崩潰》，台北：雅言，2002。

斯圖爾特·施拉姆（Stuart R. Schram），《毛澤東》，北京：紅旗出版社，1995。

費正清（Fairbank）主編，《劍橋中華人民共和國史，一九四九～一九六五》，上海：人民出版社，1991。

費正清（Fairbank）主編，章建剛等譯，《劍橋中華民國史》第一部，上海：人民出版社，1991。

費正清（Fairbank）主編，章建剛等譯，《劍橋中華民國史》第二部，上海：人民出版社，1992。

黎安友（Andrew Nathan）著，柯洛漪譯，《蛻變中的中國》，台北：麥田，2000。

四、中文期刊論文

尹慶耀，〈百年論定毛澤東〉，《中國大陸研究》，1993，第36卷第12期。

文山、梁由之，〈中國共產黨的兩種馬克思主義觀——學習〈中共中央關於加強和改進黨的作風的決定〉〉，《中共黨史研究》，2002，第1期。

石仲泉，〈「三個代表」思想與二十一世紀的中國〉，《中共黨史研究》，2001，第3期。

何家棟、王思睿，〈社會階層分析與政治穩定研究——評康曉光《未來三至五年中國大陸政治穩定性分析》〉，《戰略與管理》，北京，2002，第4期。

吳安家，〈中共統治五十年的理論與實際：黨的領導〉，《中國大陸研究》，台北，1999，第42卷第9期。

姜新立，〈論「中國特色社會主義」及其在後共產主義中的角色意義〉，《國立中山大學社會科學季刊》，高雄，1997，第1卷第2期。

殷書良、王曉方，〈「三個代表」：中國共產黨自我完善的時代選擇〉，《中共濟南市委黨校學報》，濟南，2000，3月號。

陳墇津，〈中共的權力機制〉，《中國大陸研究》，台北，

1997，第36卷第5期。

溫洽溢，〈毛澤東的馬克思主義中國化〉，《東亞季刊》，台北，1997，第28卷第2期。

趙春山，〈論中共「社會主義初級階段」中的共黨角色──蘇東劇變的反思〉，《東亞季刊》，台北，1999，第30卷第3期。

劉昀獻，〈新世紀黨的行動指南：學習江澤民同志關於「三個代表」論述的體會〉，《河南大學學報》，開封，社科版，2000，4月號。

潘峰，〈論三個代表的理論基礎〉，《理論前沿》，南京，2000年9月。

賴皆興，〈中共意識形態中的後殖民意涵：從馬克思主義中國化到三個代表〉，台北：國立政治大學東亞所碩士論文，2002。

戴舟，〈論三個代表〉，中國人民大學書報資料中心編，《中國政治》，北京，2000，第8期。

關向光，〈論「毛澤東晚期思想」：概念與爭議〉，《東亞季刊》，2001，第32卷第1期。

龔育之，〈我國社會主義初級階段的歷史地位和主要矛盾〉，《紅旗雜誌》，台北，1987，第22期。

五、英文參考書目

Anderson, B., *Imagined Communities*, 2nd ed., London: Verso, 1991.

Baldwin, David, *Neorealism and Neoliberalism: The Contemporary Debate*, N.Y.: Columbia University Press, 1993.

Dirlik, Arif & Maurice Meisner, *Marxism and the Chinese Experience*, M. E. Sharpe, 1989.

Dirlik, Arif, *The Origins of Chinese Communism*, N.Y.: Oxford University Press, 1989.

Dirlik, Arif, *The Postcolonial Aura: Third World Criticism in the Age of Global Capitalism*, Westview Press, 1997.

Dittmer, Lowell, *China under Reform*, Westview Press, 1994.

Dittmer, Lowell, *Liu Shao-ch'I and the Chinese Cultural Revolution*, Berkeley: University of California Press, 1974.

Gargan, Edward A., *China's Fate: A People's Turbulent Struggle with Reform and Repression*, N.Y.: Doubleday, 1991.

Goldman, Merle, *Sowing the Seeds of Democracy in China: Political Reform in the Deng Xiaoping Era*, Cambridge: Harvard University Press, 1994.

Harding, Harry, *China's Second Revolution: Reform after Mao*, The Brooking Institution, 1987.

Krasner, Stephen D., *Sovereignty: Organized Hypocrisy*, Princeton University Press, 1999.

MacFarquhar, Roderick, Keynote Speech for Symposium "China in Transition," Washington D.C., September 25, 2002.

Meisner, Maurice, *Mao's China and After*, N.Y.: The Free Press, 1986.

Meisner, Maurice, *Marxism and the Chinese Experience: Issues in Chinese Socialism*, Armonk, N.Y.: M. E. Sharpe, 1989.

Meisner, Maurice, *Marxism, Maoism, and Utopianism*, Madison: University of Wisconsin Press, 1966.

Miller, David, *On Nationality*, Clarendon Press, 1997.

Nathan, Andrew, *China's Crisis*, N.Y.: Methuen, 1980.

Schram, Stuart R., *Ideology & Policy in China Since the Third Plenum, 1978-1984*, University of London, 1984.

Schurmann, Franz, *Ideology and Organization in Communist China*, Berkeley: University of California Press, 1968.

Shirk, Susan L., *The Political Logic of Economic Reform in China*, University of California Press, 1993.

Shue, Vivienne, *Peasant China in Transition*, Berkeley: University of California Press, 1980.

Tsou, Tang, *The Cultural Revolution & Post-Mao Reform*, Chicago: University of Chicago Press, 1986.

Walder, Andrew, *Communist Neo-Traditionalism: Work and Authority in Chinese Industry*, Berkeley: University of California Press, 1986.

Wang, James C. F., *Contemporary Chinese Politics: An Introduction*, Prentice-Hall International Editions, 2002.

六、英文期刊

Ching, Frank, "Chinese Politics Still a Personality Game," *The Japan Times*, November 12, 2002.

Fewsmith, Joseph, "The Sixteenth National Party Congress: The Succession that Didn't Happen," *The China Quarterly*, No.173, 2003.

Nathan, Andrew, "A Factionalism Model for CCP Politics," *The China Quarterly*, No.53, 1973.

Pei, Minxin, "Beijing Drama: China's Governance Crisis and Bush's New Challenge," *Policy Brief*, November 21, 2002, Carnerie Endowments for International Peace.

Pye, Lucian W., "How Chin's Nationalism was Shanghaied," *The Australian Journal of Chinese Affairs*, No.29, January, 1993.

Townsend, James, "Chinese Nationalism," *The Australian Journal of Chinese Affairs*, No.27, January, 1992.

Womack, Brantly, "Transfigured Community: Neo-Traditionalism & Work Unit Socialism," *China Quarterly*, No.126, 1991.

筆記

筆記

筆記

筆記

筆記

筆記

筆記

筆記

閱讀中國

——政策、權力與意識形態的辯證　亞太研究系列 21

著　　者／李英明

出 版 者／生智文化事業有限公司

發 行 人／林新倫

總 編 輯／林新倫

執行編輯／晏華璞

登 記 證／局版北市業字第 677 號

地　　址／台北市新生南路三段 88 號 5 樓之 6

電　　話／(02)2366-0309

傳　　真／(02)2366-0310

E-mail／yangchih@ycrc.com.tw

網　　址／http://www.ycrc.com.tw

郵撥帳號／19735365

戶　　名／葉忠賢

印　　刷／科樂印刷事業股份有限公司

法律顧問／北辰著作權事務所　蕭雄淋律師

初版一刷／2003 年 11 月

定　　價／新台幣 250 元

ＩＳＢＮ／957-818-554-5

總 經 銷／揚智文化事業股份有限公司

地　　址／台北市新生南路三段 88 號 5 樓之 6

電　　話／(02)2366-0309

傳　　真／(02)2366-0310

國家圖書館出版品預行編目資料

閱讀中國：政策、權力與意識形態的辯證 / 李英
明著. -- 初版. -- 台北市：生智, 2003[民 92]
　面；　公分. -- （亞太研究系列；21）
參考書目：面
ISBN　957-818-554-5（平裝）

1. 中共政權 – 歷史 – 1949 -

628.7　　　　　　　　　　　　　92015106